El autor

Adrián Gutiérrez Ávila (Irapuato, 1978) pasó su infancia en Rioverde, San Luis Potosí, en la zona media del estado, a pocos kilómetros de donde comienza la Huasteca potosina; después de un breve paso por la Ciudad de México, a sus trece años se afincó en la ciudad de Guadalajara, la que adoptó como propia y en la que todavía reside.

Es un eterno estudiante, en 2001 se gradúa de Comercio Internacional en el ITESO Guadalajara, ahí mismo estudiaría Lectura y Escritura, Negociación Profesional, Desarrollo Humano y una maestría en Mercadotecnia Global, continuaría con cursos online de universidades extranjeras: Emprendimiento de la Universidad Stanford, Sport Marketing de la Universidad Liberty de Virginia y Cómo aprender a aprender de la Universidad de California en San Diego.

Se declara adicto a la lectura, apasionado por la historia de México, de Guadalajara y de los grandes acontecimientos del mundo. Baterista, guitarrista, locutor y jugador de futbol, deporte que sigue practicando dos veces por semana, fundador de la Legión 1908 y ultraaficionado de las chivas rayadas del Guadalajara. Adrián Gutiérrez Ávila ve al futbol como un reflejo de la conducta humana y de los valores de la sociedad y así nos lo muestra en sus obras.

Empresario por más de una década en el ramo textil, emprendedor y asesor en el área de mercadotecnia de equipos nacionales de futbol y empresas de otros ramos, y maestro en el ITESO Guadalajara, donde comenzaría su aventura como escritor y conferenciante.

Su primer libro, Cómo ser un mexicano exitoso, ya en su tercera edición y con más de diez mil copias vendidas, responde a la inquietud de mejorar México mediante el esfuerzo y el crecimiento personal de sus ciudadanos y la búsqueda de la excelencia. Cómo ser un mexicano exitoso lo llevó a dar conferencias por toda la República Mexicana y Estados Unidos, y también le abrió las puertas de los medios de comunicación más importantes del país.

100 cosas que todo mexicano debe saber es su segunda obra, en ella rescata en breves capítulos pasajes importantes de nuestro país en todos los ámbitos, un libro que no debe faltar en tu biblioteca y que te hará recordar o conocer diversos pasajes sobre historia, economía, religión, política, deportes y personajes históricos de nuestro país.

Cómo ser un mexicano exitoso

M. M. G. Adrián Gutiérrez Ávila

Cómo ser un mexicano exitoso

Corrección de estilo:
Guadalupe Dondiego Peña, iqgdondiego@gmail.com
Diseño y maquetación:
Gilberto Vázquez Medina, elcorreodegil@yahoo.com.mx

© 2018 Cómo ser un mexicano exitoso, Adrián Gutiérrez Ávila
Twitter: @adriangtzavila
Facebook Fan Page: Adrian Gutierrez Avila
adrian@comoserunmexicanoexitoso.com

Primera edición impresa en los Estados Unidos de América
Mayo 2018

Para información de ventas, escriba a
sales@gironbooks.com o llame al teléfono en los Estados Unidos de América (773)-847-3000

ISBN: 9780991544257

Para Fernanda, André, Lucca y Marcel

Índice

**3.ª parte: Ten tu propio negocio
o sé un negocio dentro de un negocio**   **167**

«…*México es un país lleno de oportunidades. Si quieres llegar a donde pocos mexicanos llegan, haz lo que la mayoría no hace*».

Adrián Gutiérrez Ávila

Prólogo

Nunca creí que fuera a escribir un libro de superación personal. Soy un apasionado de la lectura y, en alguna ocasión, he dejado volar mi imaginación y me he visto escribiendo un relato que acontece en algún momento de la historia de México (la novela histórica es mi género favorito), con una trama y unos personajes creados por mí. Poseo una amplia biblioteca, he leído libros sobre temáticas muy diversas, pero rara vez he comprado uno sobre superación personal.

El primero que leí fue *El caballero de la armadura oxidada*, curiosamente, como una tarea de Inglés II de mi universidad, el Instituto Tecnológico de Estudios Superiores de Occidente (ITESO). Mi maestra, Mónica González, una persona que creía fielmente en la importancia que tenía la lectura para el desarrollo personal, nos solicitó la lectura de ese libro como requisito indispensable para presentar el examen final. Teníamos que comenzar a adquirir el hábito de la lectura.

El libro estaba escrito en español (nada qué ver con la materia: Inglés II), era sencillo, entendible y transmitía un buen mensaje. Me gustó. Tras esta lectura, fueron llegando uno a uno otros libros del mismo género: *¿Quién se ha llevado mi queso?*, *El monje que vendió su Ferrari*, *El vendedor más grande del mundo*, parte I y parte II, *Los cuatro acuerdos*, *La vaca*, *La vaca para jóvenes*, *El secreto*, etc.; todos ellos me aportaron su sabiduría cuando más necesitaba su ayuda y sus enseñanzas.

Algunas veces, generalmente después de una conferencia, me preguntan por qué no tengo preferencia por ese tipo de libros, por qué no son mi primera recomendación. Mi respuesta es sencilla: de alguna forma, todos dicen lo mismo. Transmiten mensajes como «valórate», «aumenta tu autoestima», «confía en ti», «sé honrado contigo mismo y con los demás», «no te dejes influenciar por otros», «intenta cambiar», «el cambio está en ti», «puedes lograr todo lo que te propongas», «eres el dueño de tu destino», etc. Y en todo tienen razón, de hecho, cada uno de los libros que leí llegó a mis manos en un momento difícil de mi vida, en un momento en que necesitaba leerlos y aunque, tal vez, ya conocía su mensaje, necesitaba reforzarlo, volver a creer, levantarme y ponerme en camino de nuevo. De igual forma también llegaron: *Todo pasa… y esto también pasará*, *La princesa que creía en los cuentos de hadas* y *Consejos para padres divorciados* (*Mamá, te quiero; papá, te quiero*). Estoy infinitamente agradecido con cada uno de ellos.

Con independencia de estas lecturas, siempre creí que me faltaba algo más, que el círculo no estaba completamente cerrado. No es que no supiera cómo continuar; mi mamá siempre nos dijo a mi hermana y a mí que la única herencia que nos dejaría serían nuestros estudios, y toda su vida se preocupó por que nos formáramos en las mejores escuelas. De modo que en el 2001 me gradué de Comercio Internacional, después estudié Lectura y Escritura, Negociación Profesional, Programación Neurolingüística, Inteligencia Emocional, una maestría en Mercadotecnia Global y tomé un curso *online* de Emprendimiento de la Universidad Stanford, así que una vez contando con una excelente educación, levantada mi autoestima y con la fuerza mental para creer que «sí se puede», ya tenía las herramientas necesarias para ponerme a trabajar y seguir caminando rumbo al éxito.

Pero no todas las personas cuentan con los mismos recursos. Muchas se quedan en la programación mental; en el «tú puedes lograr todo lo que te propongas», en el «sí se puede». Pero no saben afrontar el «cómo lo hago», «por dónde empiezo», «qué hago para lograr ser la persona que dicen los libros», y sienten frustración y se desaniman al no saber cómo dar el siguiente paso.

Otra circunstancia desfavorable es saber que muchos de los libros de superación personal o sobre el éxito han sido escritos en el extranjero por extranjeros que, tal vez, nunca han conocido el contexto mexicano, su gente, sus costumbres, su cultura, su forma de pensar y actuar.

Como explicaré más adelante, las cualidades de una persona exitosa son las mismas en todo el mundo, el entorno es el que cambia. Por lo tanto, el primer paso es el mismo para todos, el segundo ya no; pues en México se da con botas o con huaraches.

Este libro habla sobre cómo dar ese segundo paso en México, y también va dirigido a ti, mexicano que vives en el extranjero, sobre todo en Estados Unidos (donde existe una población de mexicanos casi equivalente a la de un país del tamaño de Argentina).

Para dar el primer paso te recomiendo cualquiera de los libros antes mencionados y algún otro, como *Fueras de serie* o *Los 11 poderes del líder*, pero para actuar en una cultura como la nuestra, este libro es el indicado.

Este libro es un sacudidor de conciencias, busca inspirarte, invitarte a llegar más lejos que la mayoría de los mexicanos, motivarte a cambiar tu vida, tu futuro y tu manera de pensar, ampliar tus horizontes y ponerte en marcha hacia la conquista de nuevos retos. Espero motivarte y guiarte para lograrlo, ¡que te sirva y que lo disfrutes!

Adrián Gutiérrez Ávila

Introducción

Cómo ser un mexicano exitoso se divide en tres partes: la primera nos ubica en nuestra realidad, nos muestra quiénes somos, dónde estamos, con quiénes vivimos, qué tenemos, qué hacemos mal, qué nos tiene sumidos como sociedad en un estado de mediocridad.

¿Por qué analizamos estos datos? Porque, para emprender el camino hacia el éxito, primero es necesario que te ubiques en el mapa de tu realidad personal y para ello es importante conocernos a nosotros y al contexto en el que vivimos. «El lugar al que uno llega depende mucho del punto desde el que uno ha salido y del rumbo que se ha tomado».

La segunda parte del libro consta de tres simples enseñanzas que tenemos que poner en práctica para ser mexicanos exitosos, tres recomendaciones que, si sigues al pie de la letra y con disciplina, te aseguro que cambiarán el resto de tu vida. No son ni fórmulas matemáticas ni el secreto maya de la abundancia, sino sencillas reglas.

La tercera parte es una recomendación. Te muestro distintos caminos que se pueden seguir hacia el éxito, te expongo sus ventajas y sus desventajas; también te hablo del camino que yo seguí y que me funcionó, pero puede ser que tu desarrollo lo alcances en otra área y no seré yo quien te limite: la misión de este libro es que seas exitoso en lo que sea que decidas hacer con tu vida.

1.ª parte: México y los mexicanos

¿Quiénes somos los mexicanos?

«El mexicano no quiere ser ni indio ni español. Tampoco quiere descender de ellos. Los niega. Y no se afirma en tanto que mestizo, sino como una abstracción: es un hombre. Se vuelve hijo de la nada. Él empieza en sí mismo».

Octavio Paz

El principal problema que tenemos los mexicanos como pueblo es la falta de autoestima, y ello se debe a que no sabemos bien quiénes somos y a que no queremos aceptarnos. El elemento más reconocido que une a nuestra sociedad casi por completo es la selección nacional de futbol (el 70 % de los mexicanos se siente identificado), que podría considerarse como un reflejo de nuestra sociedad, aunque está cambiando.

Pero ¿por qué los mexicanos no sabemos quiénes somos? Te invito a reflexionar al respecto. Tú que estás leyendo estas páginas, ¿te sientes descendiente de los pueblos prehispánicos: olmeca, maya, azteca, zapoteca, totonaca, tlaxcalteca, chichimeca, cora, yaqui, tolteca, huichol, otomí, entre otros?, ¿reconoces en ti rasgos de estas o de otras culturas?, ¿tienes algún familiar descendiente directo de alguna de ellas? Si no es así, te pregunto: ¿te sientes español, francés, estadounidense o de algún otro país?, apuesto a que enseguida te acordaste de aquel pariente, abuelo, bisabuelo e incluso tatarabuelo, que era extranjero, que es como el santo de la casa y que todos en la familia conocen la historia de cómo llegó a México. Pero entonces, ¿quién eres?

200 años de la historia de México

A los mexicanos nos encanta decir que sí nacimos en México, pero que nuestros abuelos o bisabuelos eran extranjeros. Es como decir «no soy tan mexicano» y esa línea consanguínea, la extranjera, la presumimos y la cuidamos mucho, ya que es la que nos «salva» de ser cien por ciento mexicanos. Esto se debe a que en México nos encanta clasificar a los ciudadanos y reinventarnos.

Estos cambios coinciden con grandes acontecimientos históricos. Antes de la llegada de los españoles y de que naciera México como país (porque hay que aclararlo, antes México no existía), cada cultura prehispánica tenía su propia ciudad-estado. Cuando llegaron los españoles la cultura dominante era la azteca; anteriormente habían sido la maya, la teotihuacana, la tolteca y la olmeca. Después, en 1521, los españoles nos conquistaron (en gran parte gracias a la viruela, el 90 % de la población del valle de México murió por esta enfermedad) y así nació la Nueva España. En este nuevo territorio surgieron las castas, solo eran ciudadanos de primera los españoles nacidos en Europa porque, aunque tus padres fueran españoles, si nacías en América te convertías en un ciudadano de segunda clase automáticamente, y pasabas a formar parte de un escalafón social de acuerdo con tu sangre, o mezcla de sangres, y tu lugar de nacimiento.

Trescientos años después, por ser considerados ciudadanos de segunda y tercera clases y por muchas otras razones que no mencionaré en este libro, los hijos de españoles nacidos en América y algunos mestizos (descendientes de españoles y americanos) ayudados por indígenas —que no ganaron nada— decidieron romper con España, independizarse y tomar el control de la nación, y así nació México, el 27 de septiembre de 1821.

Pero ¿por qué no celebramos esta fecha tan memorable? Pues porque coincide con el cumpleaños de Agustín de Iturbide, primer emperador y primer villano de nuestra historia como México independiente.

Los antiguos dueños de estos territorios siguieron siendo explotados y marginados, despojados de sus costumbres y tierras, pero ahora sometidos por una nueva sociedad. Los hijos de Hidalgo y de Morelos, los hijos de la Independencia, eran los nuevos ciudadanos de primera en este país. Y entonces se dio caza a todos los españoles ibéricos, que fueron perseguidos, asesinados y desterrados —creo que después de trescientos años ya eran parte de nosotros, pero así fueron los hechos—. La sangre europea, o europea mezclada con americana, la de los blancos o menos morenos, siguió siendo la «superior». Cien años después, el pueblo se dio cuenta de que la Independencia solo había concedido el poder a los criollos y mestizos, pero no al resto de la ciudadanía. Había que hacer justicia para todos, puesto que este nuevo país era de todos. Y así llegó el movimiento revolucionario, y diez años más tarde nació un nuevo México, el de los hijos de la Revolución mexicana. El poder y la economía pasaron a otras manos, que ya no eran solo criollas y mestizas, además, la división de clases debía ser abolida, pues ahora ya éramos mexicanos «parejitos», unos más güeritos y otros más morenitos, pero todos hijos de la Revolución. Sin embargo, para la mayoría de los ciudadanos las cosas siguieron igual.

El poder cambió de manos nuevamente, pero casi todos los pobres siguieron siendo pobres y explotados, y solo algunos de los ricos perdieron parte de su patrimonio en favor de los vencedores de la Revolución y de los campesinos. No voy a negar que las cosas mejoraron para la mayoría, que hubo presidentes posrevolucionarios que quisieron hacer las cosas bien, pero al final de este proceso, en el año 2000, los herederos del proceso revolucionario también abandonaron el poder después de setenta años gobernando México. «La dictadura perfecta», así se definió al mal gobierno de los últimos de sus representantes —excepto en el caso de Ernesto Zedillo que, para mí, fue un excelente presidente—. Llegó el nuevo milenio y el Gobierno del cambio. El nuevo líder y el nuevo partido en el poder dictaminaron que todo lo hecho anteriormente estaba mal y que habría que comenzar de nuevo. El Gobierno del cambio gobernó doce años, hasta el 2012, año en el que hubo elecciones nuevamente.

El discurso de los aspirantes al poder seguía siendo el mismo: lo que se había hecho en los últimos doce años no servía para nada, estaba mal hecho y debían cambiarlo todo. La palabra preferida de todos los candidatos —incluida Josefina, del partido gobernante en este entonces— era *cambio*.

En este país somos muy extremistas, por eso no avanzamos. Nunca aprovechamos lo bueno de los Gobiernos anteriores. Estoy a favor de la alternancia, pero alternancia no significa «todo lo que hace el otro está mal y solamente yo tengo la fórmula para hacer las cosas correctamente». Siempre empezamos desde cero, nunca reconocemos el éxito y los aciertos de otros ni trabajamos sobre ellos para seguir mejorando, sino que tenemos que cambiarlo todo y empezar de nuevo. Incluso ha habido programas sociales exitosos que han tenido continuidad tras un cambio de Gobierno y de partido, pero que han sido rebautizados con tal de no reconocer el mérito anterior; es el caso del programa social que inició llamándose *Solidaridad*, para después llamarse *Progresa* y luego, *Oportunidades*; en este sexenio (2012-2018) fue rebautizado como *Prospera*.

Ser candidato a la presidencia de México es muy sencillo. En el siguiente párrafo voy a resumirte brevemente el discurso y las propuestas de todos los candidatos en las elecciones de 2012 y 2015, y que se continuarán repitiendo.

«Yo soy de los que se compromete y cumple…». «Lo más importante en este país es la seguridad…». «Mi Gobierno se comprometerá a que tus hijos y tú duerman tranquilos, con estrategias más eficientes recuperaremos nuestras calles, y combatiremos al narcotráfico con mejores estrategias». «Necesitamos educación para todos, más escuelas, más universidades, educación gratuita, útiles y uniformes gratis, vales de transporte y apoyos monetarios para que no dejes de estudiar…». «Necesitamos generar trabajo para nuestros jóvenes, crearemos programas para fomentar más empleos y mejor remunerados…». «Salud para todos, más hospitales, más clínicas gratuitas para los que menos tienen…». «Igualdad para las mujeres, más oportunidades, ayuda para las madres solteras…». «Para nuestros viejecitos —perdón, adultos mayores—, el reconocimiento de tantos años de trabajo, medicinas gratis y pensiones…». «Para los empresarios, apoyo para que crezcan sus empresas y mejore la economía, estímulos fiscales…». «Primero es el pueblo, primero los que menos tienen…».

Y claro, en México las clases populares son las más numerosas, ¿quién va a decir en su discurso lo contrario?, imagínatelos diciendo: «Primero los ricos y los educados, primero los empresarios…». Aunque, en teoría, así debería ser, porque estos son los que van a crear empresas y generar trabajos y si están bien educados van a remunerar bien a sus trabajadores y van a fomentar el crecimiento económico y favorecer políticas encaminadas a conseguir una educación de calidad y seguridad para las futuras generaciones. Pero eso no va a pasar. Subraya el párrafo anterior, guárdalo y vuélvelo a leer en las próximas elecciones, resume lo que te va a decir cada uno de los candidatos sin distinción de partido; nuevo o repetido, este será el discurso de todos junto con el uso de la palabra «cambio» y el «yo sí cumplo».

Se busca un santo

¿Cómo sería el político perfecto para la mayoría de los mexicanos?

Debió haber nacido en una familia pobre, trabajadora y que siempre se las viera difíciles para salir adelante por culpa del sistema.

Tiene que contar con amplios estudios, maestría y doctorado, siempre becado y de preferencia en escuela pública.

Ser maestro de profesión, no inmiscuido en sociedades de alumnos, solamente en causas ecológicas y en pro de los derechos humanos.

Aunque cuente con licenciatura, que su ejercicio sea discreto, que no haya hecho dinero; debe trabajar siempre para los demás, al servicio de la sociedad; será mal visto si genera utilidades, por lo que sus empresas tienen que ser asociaciones civiles (A. C.) u organizaciones no gubernamentales (ONG).

Debe andar en bicicleta, transporte público y si usa carro, que sea un vochito.

Tiene que renunciar a su salario; quedarse solamente con el 20 % y el resto donarlo a obras sociales.

Debe vivir en la misma casa de toda su vida, de preferencia en un barrio popular.

Que todos le llamen por su apodo o diminutivo: Juanito, Ponchito, Güicho, Pepe, el Mochilas, etc.

Que nunca haya estado en la política, que no tenga amigos políticos ni nada qué ver con ellos.

Que tenga una fuerza y poder tales, que por arte de magia haga que los políticos, policías, tránsitos, servidores públicos, empresarios y ciudadanos comunes y corrientes dejen de ser corruptos.

Que dé mochilas, uniformes, transporte público, televisiones, tabletas, internet en todos lados, pistas de hielo, playas públicas, conciertos gratis; si falta equipo de futbol o beisbol, que lo traiga a su estado; que dé apoyos para el primer empleo, por desempleo, a los adultos mayores, a las madres solteras, a los estudiantes; también vales para medicinas, clases de inglés, computación y vales para deducir los sueldos de impuestos.

Que esté a favor de los derechos y apoye las causas de las minorías: *gays*, transexuales, trangéneros, travestis, afromexicanos, indígenas, mujeres, niños, adultos mayores y discapacitados.

Que trabaje 365 días al año, y diez horas diarias, que no salga de vacaciones, que no compre casa ni carro ni ropa y que mucho menos se enriquezca durante su periodo. Este último punto aplica también para todo familiar cercano.

Que no suba los impuestos, que los pobres y los de clase media no paguen, pero que los ricos costeen todos los programas sociales, también que baje el ISR y el IVA, que elimine las importaciones, promueva las exportaciones y siga dando toda clase de apoyos para promover la empresa.

Que legalice las drogas y desaparezca el narcotráfico.

Que suba todos los sueldos, baje la inflación y que haga que el dólar cotice en $10 pesos.

Por último, cuando termine su periodo, además de no haber hecho un solo peso, que renuncie a su pensión y no busque otro puesto político.

El problema de los mexicanos es que no nos sentimos orgullosos de nosotros mismos salvo cuando gana la selección de futbol, como ya dije. Para entender quiénes somos se necesita comprender los más de tres mil años de historia que abarcan desde la cultura olmeca hasta el día de hoy.

Para mí, los mexicanos somos como una tortilla de harina cuya masa está formada con la mezcla de conquistadores europeos y nativos americanos. Tenemos que reconciliarnos con ambas partes para entender quiénes somos.

El 2010 fue el año del bicentenario de la Independencia y del centenario de la Revolución. Soy de la generación de las redes sociales, inicié la preparatoria en 1993 (en el Tecnológico de Monterrey, campus Guadalajara) y en 1994 comenzó la era del internet (en ese entonces solamente estaba disponible en unas pocas computadoras y con casi toda la información en inglés).

En 1997, cuando entré a la universidad, en el ITESO, el internet ya era de uso corriente, ya usábamos chats y teníamos nuestra cuenta de correo electrónico de Hotmail. Con los años pasamos del ICQ al MSN, y de MySpace a Facebook —que es todo un foro de expresión, aunque algunas personas lo tomen como su diario y publiquen en él cada paso que dan—.

Pues bien, en el 2010, con motivo de la conmemoración de las fiestas patrias, en las redes sociales —Facebook no fue la excepción— no dejaron de publicar opiniones del tipo: «¿Qué celebramos? 200 años de corrupción, tiranía, tranzas…», «México no se ha independizado, los extranjeros son dueños de todo, hay muchos pobres», «200 años de malos políticos, de robos, de explotación y marginación», «200 años después, México sigue siendo un país atrasado, sin el progreso de las mayorías», «En 200 años no hemos cambiado nada, todo sigue igual», «No hay nada que celebrar, México tiene hoy inseguridad, muertes, robos y violencia», «Seguimos colonizados, todas las empresas son de extranjeros».

Estos mensajes en parte tienen razón, así que quise analizarlos más a fondo y me surgió la siguiente interrogante sobre la cual ahora te invito a reflexionar:

¿Nosotros somos el resultado de lo que es México,
o México es el resultado de lo que nosotros somos?

Nuestro ADN

Entonces ¿nosotros somos el resultado de lo que es México, o México es el resultado de lo que nosotros somos? Me gusta plantear esta pregunta en mis conferencias con grupos poco numerosos, ideales para el debate.

Para muchos asistentes, los mexicanos ya nacemos con una especie de ADN que nos predispone para actuar de una forma determinada.

El país en estos momentos está pasando por situaciones difíciles; estados como Veracruz, Michoacán, Tamaulipas y Guerrero están tomados por la delincuencia, pero el México de hoy es el resultado de lo que nosotros somos. No podemos echarle la culpa de todos nuestros males al ADN de los supervillanos de la historia de México. No podemos justificar todas nuestras acciones por genética o por «herencia mexicana». Ya es hora de que cada uno se responsabilice de sus actos.

Hernán Cortés, el conquistador español, forma parte de nuestra historia, nos guste o no. Sus restos están en una iglesia anexa del Hospital de Jesús, en el centro de la Ciudad de México; tanto el hospital como la tumba deberían gozar de mayor reconocimiento turístico; el primero se comenzó a construir en 1521 y tres años después ya funcionaba. En la iglesia también hay un mural de José Clemente Orozco. Conozco el hospital —fui alguna vez por un brazo roto—, visitarlo supone trasladarse a tiempos coloniales. Cuando estuve ahí, decían que había sido el primer hospital de Latinoamérica —¡ah, caray!, esa manía de creer que los gringos siempre hicieron algo antes que nosotros, y que solo somos los primeros, pero de Latinoamérica—, pero realmente es el más antiguo de América. Ni en Estados Unidos ni en Canadá se construyó un hospital anterior a este, en la época en la que fue edificado aún no había pueblos sedentarios en el norte de América. Lo mismo me ocurrió en una visita a Mundo Cuervo, en Tequila, Jalisco. En la cuna del tequila presentaban a la destilería como la más antigua de Latinoamérica; pero, si en Estados Unidos o en Canadá no existe una más antigua, entonces, ¿por qué tanto miedo de asegurar que es la más antigua de América?

Iturbide está muerto y enterrado en la catedral metropolitana de la Ciudad de México. A Santa Anna, Su Alteza Serenísima, el vendepatrias, el once veces presidente del país —la mayoría de ellas lo fue a petición del mismo pueblo mexicano, sin golpes de estado ni fraudes electorales—, siempre se le pedía que regresara a gobernarnos. Dicen que México es de memoria corta («un pueblo que no conoce su historia está condenado a repetirla») y en el 2012, para bien o para mal, el PRI volvió a la presidencia de la República. Volviendo a los villanos de nuestra historia, te puedo decir para tu tranquilidad que todos ellos ya murieron.

Me llama mucho la atención que sigamos llorando, después de 181 años, la pérdida de Texas, California y Nuevo México y no la de Guatemala y los territorios del sur, que casi llegaban hasta Costa Rica y que también fueron parte del Imperio Mexicano.

Tejas —así se escribía— formó parte de México solamente durante catorce años, de 1821 a 1835, después se independizó y se fundó la República de Texas. Así, existió diez años como un país independiente hasta que en 1845 se anexionó a los Estados Unidos de América. Texas solamente nos perteneció catorce años y, casi dos siglos después, seguimos odiando a Santa Anna por su pérdida. Pero entonces, ¿por qué no odiar también a Iturbide por la pérdida de los territorios centroamericanos?

Texas, California y Nuevo México nos duelen porque se convirtieron en ejemplos de éxito (California sería actualmente la séptima economía del mundo si fuera un país independiente mientras que Guatemala apenas sobrevive). Seguimos lamentando su pérdida porque esos *cangrejitos* se nos escaparon, no pudimos jalarlos y queremos regresarlos a la cubeta.

Porfirio Díaz, otro villano de nuestra historia, murió lejos de México, en Francia; Díaz Ordaz y López Portillo pasaron a mejor vida, Luis Echeverría es un anciano que ya no hace daño, y a Salinas, por más que queramos echarle la culpa del robo de millones de pesos y de llevar a este país a una devaluación y crisis memorables, no es cierto que sea el principal responsable, pues esta crisis fue consecuencia de una mala administración. Robara o no robara Salinas, no pudo haberlo hecho tanto como para quebrar al país entero. Además, la comunidad internacional no lo hubiera permitido (como no lo permite hoy con los jeques árabes que saquean a sus países, a quienes congela sus cuentas). La mala administración de Salinas provocó un colapso en la economía mundial, el llamado «efecto tequila», y si la crisis mundial hubiera sido provocada solo porque robó, el resto de las naciones hubiera actuado en consecuencia. Para entender más a fondo la crisis de 1994, te recomiendo el libro *México en la frontera del caos*, de Andrés Oppenheimer.

México es hoy en día el resultado de lo que nosotros somos. Nuestros primeros y principales educadores son nuestros padres, que nos enseñan nuestros valores, lo que está bien y lo que está mal. La Iglesia católica también es transmisora de valores morales para la mayoría de los mexicanos (el 80 % de los mexicanos es católico).

Los obispos y los cardenales son los primeros en exigir cuentas al Gobierno por la inseguridad, por los muertos de cada día. Sin embargo, los que matan y roban, los sicarios, los narcos y los malos políticos van a misa los domingos, se casan, bautizan a sus hijos, dan generosas limosnas y se confiesan para que les perdonen sus pecados. Todos ellos pasaron en algún momento por el catecismo y la educación católica, como lo hace la mayoría de los mexicanos. Si fallan los valores morales, si se roba, mata y miente es porque la educación transmitida por los padres en cada hogar y por la Iglesia también está fallando. No se puede culpar de todo al Estado, al Gobierno o al presidente en turno, cuando somos nosotros los que educamos a nuestros hijos, la Iglesia la que los adoctrina, la escuela la que los prepara y tú, el que votas por tus gobernantes. México es fruto de las acciones de cada uno de nosotros, en tus manos está cambiarlo y hacerlo mejor.

México hoy

México tiene aproximadamente 129 millones de habitantes. El área más poblada es la Zona Metropolitana del Valle de México, con más de 20 millones de habitantes, seguida por el Área Metropolitana de Guadalajara con 4.4 millones (sí, señores tapatíos y del resto de la República, el Área Metropolitana de Guadalajara tiene

4.4 millones de habitantes, contando a los de El Salto y Tlajomulco. Nos encanta decir que Guadalajara tiene 6 millones de habitantes para no quedarnos muy atrás de la chilangada —con todo cariño y respeto— y le sumamos hasta Lagos de Moreno. Aunque en realidad, el área metropolitana de Los Ángeles, California, es la segunda con más mexicanos. Si Guadalajara exportara algunos tapatíos, unos dos millones, sería la ciudad ideal).

A Guadalajara le siguen Monterrey, Puebla-Tlaxcala y Toluca. Casi el 30 % de la población del país vive en estas cinco ciudades, por lo que concluyo que a los mexicanos nos gusta vivir juntitos y apretaditos. El 24 % de los mexicanos vive en comunidades rurales (hemos abandonado el campo que, en cualquier país, es la base de la economía y veremos las consecuencias del éxodo rural en los próximos años), y el 76 % vive en conurbaciones.

Preferimos vivir amontonados, en ciudades con poblaciones considerables como León, Querétaro, Morelia, San Luis Potosí, Aguascalientes, Tijuana, Acapulco, Torreón y la zona metropolitana de La Laguna, y otras muchas. Creemos que vivimos mejor en las ciudades, y mientras más grandes sean estas, mejor.

En la última década, según el Fondo Monetario Internacional (FMI), entre las mayores economías del mundo México ha oscilado entre las posiciones novena y decimosexta, superando a países como España y Holanda. Pero ¿que no éramos un país pobre y tercermundista? Sorprendentemente, estamos entre las primeras veinte economías de 189 países que forman parte del FMI.

Si oímos que la economía no está bien, que hay crisis y devaluaciones y aun así estamos entre las primeras veinte economías, imagina cómo estarán las demás. Lo explicaré con un ejemplo futbolístico: en una hipotética liga económica mundial, México jugaría en Primera División, y aunque no ocuparía los primeros lugares, tampoco tendría problemas de descenso, no estaría como la U de G o el Puebla que, en palabras futboleras, «se están quemando», sino más bien como el Atlas, el Chiapas, o el Guadalajara (temporada 2014-2015), tranquilo y sin problemas de descenso, pero sin poder permitirse aflojar el paso (al final de la temporada terminó descendiendo la U de G).

Si hay pobreza en México se debe a un desigual reparto de la riqueza, pero para que la riqueza esté mejor distribuida necesitamos una mayoría de mexicanos mejor preparados, más capacitados y con recursos que les permitan dejar de ser simples *máquinas maquiladoras*.

Quiero contarte una anécdota. En 1997, cuando estudiaba Comercio Internacional, asistí a un congreso en el Tecnológico de Monterrey (campus Guadalajara), solamente tres años después de que México suscribiera el Tratado de Libre Comercio de América del Norte (TLCAN). Entonces existían muchas dudas sobre el resultado de dicho acuerdo (las sigue habiendo, pero ese tema se lo dejaremos a los expertos) y les preguntaron a los ponentes si, como consecuencia del tratado, México se convertiría en un país maquilador y acabaríamos siendo mano de obra barata para estadounidenses y canadienses. La respuesta tuvo un carácter de propaganda política y se alejó de la realidad para argumentar que se abrirían oportunidades para exportar nuestros productos, crear más empleos y que nuestra economía crecería.

Si revisamos las estadísticas sobre la escolaridad en México, veremos que la anterior afirmación es una verdad a medias. El promedio de escolaridad de los mexicanos en 2010 era de 8.6 años, que equivale a terminar casi el segundo año de secundaria, y el más actual (2015) es de 9.1 años, que equivale a la secundaria terminada.

Las opiniones dadas en el congreso reflejaban el enfoque de los futuros licenciados en Comercio Internacional, de profesionistas que, dicho sea de paso, en su mayoría terminan trabajando nueve horas al día en una compañía transnacional, en un cubículo de dos por dos con sueldos bajos y poco competitivos. Pero si el promedio de escolaridad de los mexicanos es de secundaria terminada, ¿de qué van a trabajar todos esos mexicanos que apenas tienen un nivel elemental de conocimientos?

Hay que ser realistas, estos señores que solo saben leer y escribir, y que, en algún caso, también pudieron aprender un oficio con los años, solo tienen capacidad para trabajar de despachadores, choferes, intendentes, guardias de seguridad o como obreros en una maquiladora. Podrán decir, para levantarles el ánimo, que son «la mejor mano de obra del mundo», pero no dejan de ser robots, que solo hacen una función mínima, sin mayor esfuerzo intelectual.

Según la Organización para la Cooperación y el Desarrollo Económicos (OCDE), México es el país donde más horas se trabaja. En México, los empleados laboran aproximadamente 45 horas a la semana, la cifra más alta de cualquier nación industrializada. Trabajamos aproximadamente 519 horas más que los estadounidenses y percibimos menos de una quinta parte de los ingresos que perciben ellos. Al año, los mexicanos trabajamos en promedio 2 317 horas y ganamos $9 885 dólares.

¿México es un país maquilador? La respuesta es sí, porque su nivel educativo no permite que sea un país de técnicos especializados, de ingenieros, de administradores, investigadores, creadores de patentes o gerentes.

El nivel educativo promedio de México genera empleos en maquiladoras y si los mexicanos con dinero y preparados no crean empresas para emplear al resto de la población, el Gobierno no tiene más remedio que acudir a empresas extranjeras para que estas generen empleo.

Te muestro un dato: en México el 98 % de las patentes registradas lo producen extranjeros o empresas extranjeras. Te ofrezco otro dato: somos el principal exportador mundial de pantallas planas, pero ¿conoces alguna marca mexicana de televisiones?

México y la FIFA

El futbol mexicano como reflejo de la sociedad

México posee una larga tradición futbolística. El país forma parte de la FIFA desde la fundación de esta, e incluso tuvo el honor de inaugurar el primer Mundial, celebrado en Uruguay en 1930. Como mencioné anteriormente, soy fanático del futbol, veo nuestra liga local, así como varios programas donde se debate y analiza la calidad del futbol mexicano, la de sus jugadores y de la liga, y donde la conclusión, casi siempre, es la misma: nuestro futbol es mediocre y el futbolista mexicano carece de personalidad y no tiene carácter para sobresalir en el extranjero.

Esto lo cuento porque en México, y el ámbito del futbol no es una excepción, estamos programados para hacer lo que se espera de nosotros, para actuar según dicen que somos. Para explicar esta afirmación voy a contar una anécdota que me tocó vivir y que la mayoría de los mexicanos de mi edad recordará también. Durante mi infancia y mi adolescencia, en las décadas de los ochenta y los noventa, México dominaba el área de la Concacaf y era superior a Estados Unidos (donde son más aficionados al beisbol y al futbol americano), al que ganaba muchas veces por goleada. Pero a finales de los ochenta los estadounidenses decidieron ponerse a trabajar. Iban a organizar el mundial de 1994 y tenían que tener una selección a la altura de las circunstancias, de manera que trazaron un plan de trabajo que, según ellos, los llevaría a ser campeones del mundo en la segunda década del nuevo milenio.

Los que creyeron más en esa profecía fueron los mexicanos que, aunque tradicionalmente habían sido superiores, incomprensiblemente comenzaron a programarse para perder cuando jugaran contra los estadounidenses. Sí, así como lo lees; cuando en aquel entonces México jugaba contra Estados Unidos y ganaba, los comentaristas de Televisa repetían durante la narración del juego que cada vez iba a ser más difícil vencerlo, que los jugadores se estaban preparando y que tarde o temprano nos ganarían.

Tiempo después se volvían a enfrentar y México volvía a ganar, pero con menor margen de goles, y de nuevo se repetía la profecía con los malos augurios, y así sucesivamente. Cada vez se ganaba por menos goles de diferencia, luego llegaron los empates y también el nuevo milenio y mi generación, que creció escuchando el «ahí vienen los gringos y nos van a ganar», vio cumplirse la profecía. Ocurrió que al final Estados Unidos nos empezó a ganar, que México podía empatar con Holanda, ganarle a Brasil y a Argentina, pero a Estados Unidos, no. Nos programaron mentalmente para, por decreto, perder contra Estados Unidos, nos dijeron durante toda nuestra niñez y nuestra adolescencia que un día nos iban a ganar los gringos hasta que al final, sucedió.

Curiosamente, las condiciones futbolísticas en México son las propias del primer mundo: los jugadores tienen sueldos similares a los de un equipo de media tabla europeo y hay excelentes y nuevos estadios (en Argentina, en Uruguay y en Brasil todavía existen equipos de primera división que juegan en estadios con gradas de madera). Nuestros campos de entrenamiento, centros de alto rendimiento y gimnasios son envidiados por los clubes de todo el mundo. Es cierto que estadísticas como las referentes al nivel de estudios nos ubican en una realidad que debemos trabajar para mejorar, pero en otras ocasiones lo que tenemos que mejorar es la mentalidad.

Estados Unidos dominó los enfrentamientos futbolísticos con México durante toda la primera década del milenio, ya fueran amistosos, eliminatorias o Copas Mundiales (octavos de final del Mundial 2002 de Corea-Japón). Se podía ganar a los mejores del mundo, pero a Estados Unidos, no.

La realidad del futbol mexicano dista mucho de ser mediocre. De las 211 federaciones que conforman la FIFA (2017), y contando a Yugoslavia, Checoslovaquia, Unión Soviética y Gran Bretaña (las primeras tres desaparecidas y la última dividida en Irlanda del Norte, Escocia, Inglaterra y Gales para la FIFA), solamente el 11.6 % ha ganado algún certamen mundial, ya sea Copa del Mundo, Mundial Sub-17, Sub-20, Olimpiadas o Copa Confederaciones. México está dentro de ese 11.6 % conformado por 25 países. Y también está dentro del escaso 3.3 % de países que han ganado tres de estos torneos o más (solo siete países), pues tenemos en total dos Mundiales Sub-17, una Copa Confederaciones y una medalla de oro olímpica.

A veces los números nos indican una realidad positiva, pero la ignoramos y somos nosotros mismos los que nos menospreciamos. Llegamos incluso a justificar nuestros éxitos y minimizar nuestros logros con mensajes negativos que hablan de que llegamos a ganar la Confederaciones porque se disputó en México o porque equipos como Brasil no trajeron a sus mejores jugadores, cuando Inglaterra, Francia, Uruguay y Argentina también han sido campeones jugando en su casa y son considerados igualmente grandes (Inglaterra ganó su único mundial como anfitrión en 1966 con un gol muy debatido y, sin embargo, ningún mexicano pondría en duda que es una potencia futbolística).

Cuando México ganó su primer Mundial Sub-17 en 2005, se impuso con autoridad y el país lo celebró como nunca, pero también lo tomó como un hecho extraordinario que difícilmente se repetiría y lo minimizó diciendo que, al ser un Sub-17, la victoria no era tan importante. Cuando en menos de seis años llegó el segundo campeonato, algunos siguieron quitándole mérito. Llegué a oír a Pablo Carrillo (comentarista deportivo de Grupo Imagen) decir que no había que lanzar las campanas al vuelo, que había que tomarlo como lo que era. Pero si había que tomarlo como lo que era, era la segunda Copa Mundial en seis años (Holanda, la superpotencia futbolística, no tiene ninguna Copa Sub-17 ni Sub-20; Colombia, Chile, y nuestros acérrimos enemigos, los gringos, tampoco, ni otros 205 países miembros de la FIFA).

México tiene dos Copas Sub-17, una Copa Confederaciones, seis copas de la Concacaf (nuestra zona de eliminatoria), un subcampeonato Sub-20 (se perdió en los penaltis contra Rusia en la época juvenil de Hugo Sánchez), un tercer lugar en el Mundial Sub-20 (en 2011) y un subcampeonato Mundial Sub-17 (en 2013), y es el único país junto con Brasil que ha llegado a octavos de final en los últimos seis mundiales, además de calificar a la siguiente ronda en ocho de quince participaciones en la justa mundialista y, por último, ganó el oro olímpico en Wembley, la catedral del futbol frente al favorito Brasil, y aun así oí quien le quitó importancia, siendo el torneo más importante después del Mundial.

¿Se podría ganar un Mundial? Técnicos, jugadores, aficionados y periodistas lo ven como algo imposible. Ya ganamos lo que nunca nadie pensó que ganaríamos, el talento lo tenemos, el futbol también, pero a pesar de que somos ganadores, carecemos de mentalidad ganadora.

Para todos los comentaristas deportivos la Liga mexicana es mediocre, pero para mí es la mejor liga de América junto con la brasileña (más complicada que la nuestra). Es comparable a muchas ligas europeas en cuanto a infraestructuras, sueldos y calidad. Solo falta que nosotros nos la creamos, porque tenemos el dinero y los patrocinadores para tener una «Liga Premier». O, ¿acaso equipos como América, León, Cruz Azul, UNAM, Chivas, Tigres, Atlas, Santos, Monterrey, Toluca o Pachuca no están diseñados para ser campeones? Si hay un mínimo de nueve equipos preparados para ser campeones, entonces nuestra liga es más emocionante que la española, donde siempre gana el Madrid o el Barcelona, y el único interés que hay es ver cuántos goles le van a meter al equipo con el que se enfrenten. Aquí hay varios equipos que pueden ganar la liga y otros tantos que no están tan distantes de los primeros nueve, y solo cuatro o cinco equipos aspiran únicamente a no descender. Yo llamo liga competitiva a lo que otros llaman liga mediocre.

De Vela al Chicharito

Algunos futbolistas mexicanos salidos de Chivas, desde mi punto de vista, son una viva representación de la forma de pensar de los mexicanos. Por ejemplo, Carlos Vela emigró a Europa en el 2006 comprado por el Arsenal, en el que nunca tuvo éxito, anotando solamente trece goles en los tres años que jugó ahí; el resto de su historia ha estado en equipos de media tabla donde la exigencia es mantener la categoría y un gran logro es calificar a una copa europea, como lo hizo con la Real Sociedad donde terminará 2017.

México ve a Carlos Vela como el campeón sin corona, el mexicano que debería estar en un equipo más grande porque medianamente destaca en los equipos de media tabla donde ha jugado; en la Real Sociedad ha hecho 54 goles en los últimos cuatro años. ¿Pero querrá Carlos Vela enfrentar de nuevo un reto mayor? Ya lo hizo con el Arsenal sin éxito.

Por otro lado, tenemos al Chicharito, campeón goleador con Chivas que emigró al Manchester United en 2010. Todos en México apostaban por que iba a ser cedido a un equipo de menor categoría, como Vela cuando llegó a Inglaterra, sin embargo, se ganó su titularidad, anotó veinte goles en su primera temporada, fue campeón de liga y jugó la final de la Champions League contra el Barcelona de Messi, que se quedó con el campeonato europeo. En cuatro años anotó 59 goles con el Manchester United, teniendo muy poca participación en su último año con la llegada de un nuevo técnico. México pedía a gritos que Chicharito saliera del MU a un equipo ajustado a su realidad (desde el punto de vista de los mexicanos), a un equipo de media tabla, donde fuera titular, no tuviera mucha exigencia y anotara goles.

Pero él hizo todo lo contrario, ya demostró dos veces ser el mejor, ¿por qué no una vez más? En la temporada 2014-2015 llegó al Real Madrid, el campeón de Europa y del mundo, a competir con los que son considerados los mejores jugadores del planeta, ese fue su reto, un reto mayor, un escalón más arriba, no más abajo, tuvo que trabajar para ganar un lugar, mejorar para ser considerado dentro de los 18 convocados a cada juego, ser paciente en la banca, para que el día que llegara su oportunidad demostrara estar a la altura de los mejores del mundo.

Antes de que concluyera la temporada de futbol 2014-2015 en Europa, había escrito que Javier Hernández, con muy pocos minutos jugados, tenía nueve goles en uno de los mejores clubes del mundo (el Real Madrid), los mismos que Carlos Vela en aquel entonces en un equipo de media tabla. En la edición anterior de este libro decía que el Real Madrid se planteaba la posibilidad de que Chicharito se quedara en el equipo de manera definitiva por lo demostrado y que, de no ser así, Javier Hernández seguramente emigraría a otro equipo europeo de primer nivel; en cuanto a Carlos Vela, decía que seguiría cómodo en la Real Sociedad, aunque todo el mundo hablaría de que debería estar en otro equipo de mayor calidad, aunque para ese entonces no hubiera llegado dicha oferta.

En ese entonces solamente escribí un pronóstico, y no me equivoqué, lo que escribí se comprobó al siguiente año, Javier Hernández fue contratado por el Bayer Leverkusen de la Bundesliga alemana, equipo que competiría ese año en la UEFA Champions League. Chicharito marcaría 26 goles en su primera temporada en Alemania, teniendo su mejor año desde su llegada a Europa. El Bayer Leverkusen terminaría la temporada 2015-2016 en tercer lugar de la Bundesliga, siendo Javier su máximo anotador. Mientras tanto, Carlos Vela siguió en la Real Sociedad y solamente marcó cinco goles.

En este 2017, cuando actualizo estas páginas, Javier Hernández se encuentra jugando en el West Ham United de la Liga inglesa, habiendo anotado tres goles en sus primeros juegos; Carlos Vela casi no tiene minutos con la Real Sociedad y en diciembre dejará al equipo para irse a jugar a la Major League Soccer (MLS) en un equipo de reciente creación y cuya plantilla el día de hoy todavía no está constituida. Chicharito, contra todos sus detractores, se convirtió en el máximo goleador en selección nacional, ya ha anotado más de cien goles en Europa y sigue demostrando todos los días su mentalidad ganadora; Carlos Vela, futbolísticamente hablando, sigue haciendo lo mínimo para subsistir, jamás ha explotado todo su talento y habilidades para llegar a ser el *crack* y uno de los mejores jugadores del mundo como en su juventud prometía.

Acorde con su mentalidad, podemos dividir a los mexicanos en dos: unos pocos que siempre buscan superarse y ser los mejores, y otros muchos que prefieren estar cómodos donde no se les exija mucho y vivir con el sueño de lo que pudieron ser. Si Carlos Vela tuviera la mentalidad del Chicharito, seguramente sería titular y goleador, sin embargo, no quiere.

En México necesitamos más Chícharos y menos Velas; la calidad la tenemos por todos lados, la mentalidad no, y hay que contagiarnos de ella, siempre ver el siguiente escalón y no quedarnos en el más cómodo.

La competitividad de los mexicanos

México ocupa el lugar número 51 en competitividad a nivel mundial, según el Foro Económico Mundial (WEF, por sus siglas en inglés) La competitividad la miden diferentes organismos e instituciones que utilizan escalas también diferentes, siguiendo diversos indicadores que miden en puntos. Otras veces se considera la importancia y la calidad de vida de las ciudades y lugares significativos de un país. La competitividad también mide las facilidades que ofrece un país para crear o hacer nuevos negocios (en México somos muy burocráticos, nos encanta llenar nuestras solicitudes de miles de sellos, algunos innecesarios, y debemos hacer trámites que tardan meses para abrir un negocio, cuando en otros países el mismo proceso se resuelve en quince días).

Dentro de las cien ciudades con mejor calidad de vida del mundo no hay ninguna mexicana, aunque muchos extranjeros, sobre todo estadounidenses y canadienses, aspiraban a retirarse en Guadalajara y sus alrededores (sobre todo en la ribera de Chapala, en Ajijic), antes del aumento de la violencia.

La escolaridad, con un promedio de 9.1 años de estudio, es nuestro más grande y grave problema. Los mexicanos apenas terminamos la secundaria.

El salario promedio de los mexicanos es de $11 032 pesos mensuales, aunque es gracias a que algunos de los hombres más ricos del planeta, como Carlos Slim, Emilio Azcárraga y Ricardo Salinas (Grupo Salinas), tienen ganancias y salarios muy elevados y suben el porcentaje, pero la realidad es que el 60 % de los mexicanos tiene unos ingresos inferiores a la media (gana menos de $11 032 pesos). Esto es consecuencia directa del bajo nivel de educación, que en algunos casos solo alcanza para leer, escribir, sumar y restar, y que no permite acceder a la mayoría de la población a trabajos más especializados y mejor remunerados. Vemos este hecho como una injusticia social, pero es cuestión de porcentajes y de volumen de oferta y demanda: si hay pocos que saben hacer algo que la mayoría no, van a ganar mucho más dinero. El día en que en México haya más gente preparada, los sueldos serán mejores y la riqueza estará mejor distribuida.

Encontré esta cita de Plutarco Elías Calles en un libro de Francisco Martín Moreno: «La felicidad de los campesinos no puede asegurarse dándoles una parcela de tierra, si carecen de la preparación y de los elementos necesarios para cultivarla. Por el contrario, este camino nos llevará al desastre, porque estamos fomentando pretensiones y la holgazanería». Actualizado a este tiempo vendría a decir que la felicidad de los mexicanos no puede asegurarse dándoles trabajos de gerentes, directores y técnicos si carecen de la preparación y elementos necesarios para ejercer. Por el contrario, este camino nos llevará al desastre porque estamos fomentando pretensiones y holgazanería.

Pero no falta el político que en su discurso dice que, si no estudiaste y ganas poco, no es culpa tuya, sino de otros, sobre todo del *sistema*, y que él te va a ayudar y a compensar. Ahí nace el populismo. El último caso de apoyo popular que oí consistía en pagar a los estudiantes de preparatoria en la Ciudad de México por no dejar de estudiar. Más adelante demostraré que el problema de la educación en México es cultural y no de falta de oportunidades.

Si a alguien se le paga mensualmente para evitar que deje los estudios y pueda continuar estudiando solo por dinero, ser un mal estudiante, molestar a sus compañeros y robar el tiempo de sus maestros, cuando se gradúe va a exigir su lugar en la universidad aunque no tenga buen promedio, va a exigir una plaza de trabajo aunque no esté capacitado (ahora ya se promueven los vales para el primer empleo) y ya trabajando, va a ser de los que exija que le den bonos por puntualidad y de productividad, cuando es una obligación llegar puntual y trabajar.

Medidas como esta, solamente fomentan la responsabilidad medianamente a cambio de algo. «Hacemos lo mínimo para que no nos despidan, pero tampoco nos desgastaremos para que otros se hagan ricos con nuestro trabajo». Necesitamos empleados y estudiantes responsables por convicción y no solamente porque se les premie con una gratificación o un bono por hacer lo que tienen que hacer.

Te pregunto: si fueras el presidente y llegara el secretario de Hacienda y te dijera que la economía va tan bien como para dar un millón de pesos a cada mexicano de la población económicamente activa (PEA), para que los invierta en algún negocio y suba sus ingresos y la productividad del país, ¿se lo darías?, ¿qué crees que pasaría con ese dinero?, ¿cuántas personas crees que están capacitadas para multiplicarlo y cuántas lo perderían?, ¿cuantos se lo gastarían en fiestas, viajes, carros, bodas, fiestas de xv años, idas al Mundial o en una borrachera épica? Te pregunto a ti: si tuvieras un millón de pesos, ¿qué harías con él? ¿Qué harías para multiplicarlo? ¿En qué negocio lo invertirías? Si no tienes respuesta es porque algo está fallando.

El salario promedio de los mexicanos que más ganan es de $39 476 pesos, cuatro veces el salario de la media nacional, pero también un 40 % del país tiene ingresos inferiores a $6 090 pesos al mes, casi la mitad del promedio. El secretario de Hacienda en el Gobierno de Felipe Calderón (2006-2012), Ernesto Cordero, tenía razón al decir (aunque nos moleste oírlo) que la mitad de los mexicanos puede vivir con $6 090 pesos al mes.

Nuevamente te pregunto, ¿le pagarías más de $6 100 pesos a alguien que solamente terminó la secundaria, por ser chofer, despachador de gasolina, ayudante de cocina, intendente u obrero de una maquiladora? Hay que ser realistas y no sentimentales; la realidad es que con $6 090 pesos viven casi 60 millones de mexicanos, no como reyes, pero para no ofrecer nada mejor a cambio, laboralmente hablando, viven. Y créeme, si les faltara comida, techo y lo indispensable para vivir, este país ya se habría levantado en una nueva revolución.

Un nutriólogo me comentó que el principal problema de este país no era la desnutrición, sino la obesidad, y que si bien existe un porcentaje de la población (menos del 8 % del país) que no sabe si va a comer este día o al día siguiente, el sector que vive en pobreza extrema, más del 92 % de los mexicanos tiene cubiertas las necesidades alimenticias. Decía que el precio de la comida había disminuido con los años, que un huevo cuesta hoy un 30 % menos que en 1970, y que los precios de los productos básicos se habían mantenido casi igual desde 1990.

Según la FAO, el problema de la obesidad en nuestro país deriva de comer demasiado por creer que después no va a haber qué comer (como pasaba en la época de nuestros abuelos y bisabuelos). Tenemos alimentos suficientes para cada día, no hay por qué comer como si siempre fuera nuestra última cena.

El nutriólogo mencionaba también que hace muchos años la gente que pedía en las calles, iba por las casas pidiendo un taco de arroz, un plato de comida, las sobras de la comida (no dinero como ahora, o ¡será que prefieren McDonald's!). ¿Cuándo han tocado el timbre de tu casa para pedirte las sobras de tu comida? Seguro que no lo han hecho nunca o no más de una vez en tu vida; ahora pregúntales a tus abuelos si cuando ellos eran niños, alguna vez tocaron en su casa para pedir comida. Verás que para ellos era bastante común que alguien tocara en su casa para pedir un taco. Si en verdad existiera necesidad de comer no pedirían dinero, pedirían comida y nadie se las negaría. Los políticos, para ganar el voto mediante «violines y lágrimas», te venden el discurso de los que menos tienen, y no digo que no haya pobres, que hay muchos, pero alimento no les falta. Por eso se debe redefinir el significado de pobreza en México.

La esperanza de vida en México

El INEGI nos dice que el promedio de vida de los mexicanos es de 75 años (aunque la OMS indica que es de 76.7 años), para mí, este promedio de vida es un indicador muy importante sobre nuestras condiciones como país. Según el FMI, México se encuentra entre las primeras veinte economías del mundo, sin embargo, la mayoría de los mexicanos rebatiría este argumento aludiendo a que en México está mal distribuida la riqueza, hay muchos pobres y unos pocos ricos que ganan mucho dinero y entre estos ricos podemos encontrar a algunos de los hombres más adinerados del mundo.

En las campañas políticas, sobre todo las de los partidos que no están en el poder, nos dicen que en México hay 50 millones de pobres, que estamos al borde del abismo y que necesitamos «que nos salven». Pero ¿cómo podemos vivir en promedio 75 años en condiciones de pobreza? A diferencia de la repartición de la riqueza, con el promedio de vida no podemos alegar que los ricos viven muchos años y que por eso sube el promedio. Algunos políticos comparan la pobreza y las condiciones de vida del país con las del continente africano; el promedio de vida en África es de sesenta años, quince años menos que en México; aunque la esperanza de vida en África aumentó casi diez años en los últimos quince años debido a la mejora en la asistencia a niños, al control de la malaria y con el acceso a tratamientos contra el sida, aún hay 22 países africanos que no superan esos sesenta años (de hecho, el país con la esperanza de vida más baja está en África, se trata de Sierra Leona, cuya esperanza de vida es de cincuenta años). Nuestro promedio de vida es superior al de varios países del continente asiático, como Ucrania (71.3 años), Rusia (70.5 años), Indonesia (69.1) y la India (68.3 años), y también es mayor que el de varios países de América Latina, como Guyana (66.2 años), Belice (70.1 años), Guatemala (71.9 años) y Bolivia (70.7 años).

Pero ¿por qué en África la esperanza de vida es de sesenta años? En muchos países africanos existe una alta mortalidad infantil, sus niños no cuentan con vacunas suficientes para protegerse de las enfermedades, no cuentan con agua potable, ni con una alimentación adecuada; cuando se enferman no cuentan con servicios médicos, por lo que, en países como Angola, de cada mil niños, 157 morirán antes de cumplir los cinco años, a diferencia de México, donde morirán trece niños.

A menos que los mexicanos seamos una raza superior que pueda vivir 75 años, a pesar de no comer, tomar agua contaminada, no ser vacunados y no tener servicios médicos. Eso quiere decir que ser pobre en México no tiene el mismo significado que ser pobre en otros países del mundo y que los pobres en México cuentan con muchas necesidades básicas y médicas cubiertas.

Para concluir, el porcentaje de hambre o subalimentación en la República Mexicana es igual al de cualquier otro país desarrollado del mundo, menor al 5 %, según lo publicado por el Programa Mundial de Alimentos (WFP, por sus siglas en inglés), según el cual es un porcentaje muy bajo, considerando que hay países en África que tienen 35 % o más.

Te pueden parecer crueles mis palabras, es verdad, pero no por eso dejan de ser ciertas, y el objetivo de este libro es cambiar tu realidad, cambiar tu mentalidad y lograr que dejes de pertenecer a ese 40 % del país que gana seis mil pesos o menos, para incorporarte al otro 40 % que gana más de once mil pesos.

El salario de los mexicanos que menos ganan es de $2 054 pesos. Es increíble. Aunque sea una cantidad muy baja (como dije antes, si no, ya se hubieran levantado en armas), hay gente, en su mayoría perteneciente a comunidades sumamente aisladas en la sierra o en la selva, casi sin contacto comercial, que vive con dos mil pesos al mes. Su economía es de subsistencia.

El salario de un profesionista recién graduado es de $6 597 pesos, solamente $400 más que el 40 % de los mexicanos que ganan $6 000 pesos o menos. Esto se debe al tipo y a la calidad de los estudios (más adelante lo explicaré con mayor profundidad).

El salario promedio de un profesionista con experiencia es de $9 961 pesos. No alcanza al salario promedio de los mexicanos; claro que hay carreras que sí tienen salarios más altos, como las ingenierías, en las que en algunos casos se llega a duplicar la cifra anterior. Pero la realidad es que eso de las matemáticas representa demasiado esfuerzo para muchos mexicanos, así que hay muy pocos ingenieros en este país.

El 54 % de la PEA no paga impuestos. Este es un dato muy revelador. En todos los países se pagan impuestos. Son necesarios para que un país funcione y pueda avanzar, pero aquí creemos —y en parte es cierto— que solo sirven para mantener a los políticos y a los trabajadores del Gobierno, que no hacen nada por nosotros. La verdad es que con lo que aquí se paga de impuestos, tampoco se puede hacer mucho y, además, son altos para los que sí los pagan, debido a que contribuyen por ellos, pero también les cargan la mano por los que no lo hacen.

La suma de las deudas interna y externa de México en 2016 solamente representaba el 34.7 % del PIB de ese mismo año. México es de los países menos endeudados del mundo, y esto se debe a que en los últimos 18 años se ha trabajado bien, y a que Zedillo, Fox y Calderón sabían administrar correctamente lo que recaudaban. Su secreto fue no gastar más de lo que se ingresaba, una sabia receta que también deberíamos poner en práctica cada uno de nosotros con nuestro propio presupuesto.

El México en el que vivo es muy diferente del México en el que nací, el de 1978 era un México que padecía crisis, inflación y devaluaciones, y ahora las dos primeras están controladas y las devaluaciones no dependen solo de la economía interna del país sino también de factores mundiales que pueden influir en el precio del dólar frente al peso.

Si con la poca recaudación que tenemos hemos podido avanzar macroeconómicamente, imagina cómo progresaríamos si todos pagaran impuestos. Cada día vemos en la televisión nacional múltiples protestas de todo tipo, todo el mundo quiere que el Gobierno resuelva sus problemas, pero si yo fuera el presidente, exigiría la declaración de impuestos por delante para poder reclamar, porque resulta que los más rijosos, los que más protestan, hacen plantones, bloqueos y manifestaciones, los que más exigen, son los que no pagan impuestos. El Gobierno gana votos siendo paternalista y haciendo promesas, pero esto solo nos indica lo inmaduros que somos como sociedad. Si quieres un Gobierno responsable, sé un ciudadano responsable, acuérdate de que los políticos son gente como tú y como yo, y de que nosotros los elegimos.

Tuve una conversación con una persona que se había encargado de elaborar un estudio de mercado para un político en campaña, que quería saber las razones por las que la gente votaría por él. Su trabajo se centró en los niveles socioeconómicos C, D+ y D, es decir, en las clases media, media-baja y pobre de este país, que son la mayoría. Los resultados que arrojó su investigación no me sorprendieron: los votantes potenciales valoraban la apariencia y atributos físicos del candidato más que sus propuestas, de modo que su equipo de campaña trabajaría para resaltar dichos atributos en cualquier foro posible. Por cierto, el candidato ganó la elección, a pesar de mostrar incapacidad en más de una ocasión públicamente. Candidatos para otros puestos políticos del mismo partido siguieron la misma fórmula, al grado de parecer clones del primer candidato.

Por otro lado, no estoy en contra de los subsidios para madres solteras, para adultos mayores, la pensión de estos o los servicios médicos para todos, pero todo eso proviene de unos impuestos que no todo el mundo paga. Si todos pagáramos impuestos podrían hacerse más cosas, también por los que menos tienen.

Para tener Gobiernos responsables, necesitamos ciudadanos responsables.

Actualmente hay cinco trabajadores por cada jubilado, cuando en 1943 la proporción era de 26 trabajadores por cada jubilado. Es un dato muy preocupante porque se une a la tasa de natalidad, que es cada vez más baja. Si dentro de dos o tres décadas, cuando te jubiles, solo hay dos trabajadores por jubilado, entonces el sistema de pensiones seguro se irá a la quiebra. Necesitamos reformas (que se han retrasado por falta de acuerdo entre la Cámara de Diputados y el Senado) y reestructurar el sistema de pensiones para seguir trabajando. Y tú, amigo lector, pues tienes dos opciones: o te pones a ahorrar desde ahora, o tienes muchos hijos para que cuando llegues a viejo puedas «pasarles la charola» cada mes.

Existe la leyenda de que muchas personas mayores en Estados Unidos compran seguros médicos privados en México, sobre todo los que viven en las áreas cercanas a la frontera. Esto se debería a que es caro para el Gobierno estadounidense mantenerlos, pues cada vez que asisten a un hospital, una cirugía o enfermedad crónica suponen un gasto muy elevado, al igual que el que se deriva de sus medicinas, tratamientos, terapias, pensiones, etc., por lo que no se les atiende de manera adecuada ni con calidad. En México tendrían seguros privados más económicos que en Estados Unidos que sí podrían permitirse (porque a partir de cierta edad, cada vez es más difícil para ellos encontrar seguros que puedan cubrir sus necesidades sin precios muy elevados).

Tarde o temprano esto también va a pasar en México, va a haber muchos adultos mayores que supondrán un gasto elevado para el Gobierno y, en cuestión de números, va a resultar más barato que algunos mueran para poder ahorrar millones de pesos. Lo que quiero decirte es que en el futuro no va a haber mucho dinero para tu pensión y quién sabe si incluso seguirá existiendo el seguro social.

Según la OCDE, México ocupa el último lugar en preparación docente. Los maestros mexicanos no están preparados para educar y esto tiene consecuencias graves, porque no solo tenemos un promedio bajo de estudios, sino que, además, los encargados de enseñar no lo saben hacer correctamente y, por lo tanto, la educación es de baja calidad.

¿Por dónde empezar? Porque no basta con ir a la escuela y estudiar más que otros, ¿de qué sirve estudiar si el que enseña —y califica— tampoco sabe mucho?

Respecto a los maestros, contaré dos anécdotas que ilustran bien lo anterior. La primera tuvo lugar cuando llegué a vivir a Guadalajara, en 1991, e ingresé a la escuela privada más cercana a mi casa —por cuestiones de comodidad— (siempre he estudiado en escuelas privadas, algunas de las mejores, algunas regulares). Recuerdo a mi maestra de Español, cuando, regañando a un compañero, le llegó a decir a este que «le iban a poner una *estuatua*», a lo que él contestó, burlándose de su error, que no se decía *estuatua* sino *menumento*. Ese era el nivel de conocimiento del idioma de mi maestra de Español.

Años después conocí a otra profesora en otras circunstancias, ella era maestra de primaria en una escuela pública. Tenía otro negocio, en el que le iba extremadamente bien, de comercio en un mercado, pero seguía dando clases para no perder su pensión y sus prestaciones, a pesar de ganar millones con su otro negocio. Se dice de los tapatíos, a modo de broma, que tenemos nuestros propios pecados capitales: el *ira*, el *edá* y el *ei*. Porque cuando hablamos usamos *ira* en lugar de *mira*, *edá* en lugar de *verdad* y *ei* cuando damos la razón, para asentir, en lugar de *sí*.

Escucho a adultos y a niños hablar así, indistintamente, y resulta penoso corregirlos. También se usa *haiga* en lugar de *haya*, aunque este es un error a escala nacional. Todos estos errores deberían ser corregidos en la escuela, cuando conocí a la segunda maestra, resultó que ella también hablaba así. Por lo que, si tanto los padres como los maestros cometen sistemáticamente los mismos errores lingüísticos, es imposible que los niños, que se están formando, sepan siquiera que se trata de incorrecciones, entonces, ellos también están predestinados a equivocarse y a hablar de la misma manera. La misma maestra también me comentó que quería conocer la Ciudad del Vaticano y ver el Muro de los Lamentos, que, como es sabido, está en Jerusalén, en otro país, hasta en otro continente, y que, además, es símbolo de otra religión.

Si estos son los maestros de nuestros niños, ¿cómo esperamos que su educación sea de calidad?

La reforma educativa tiene que comenzar por los maestros, pero, lamentablemente, son uno de los gremios más problemáticos e intocables. Se tiene que evaluar a los profesores, conocer su grado de preparación y capacitarlos para que empiecen a educar correctamente a nuestros hijos. Sin embargo, recuerda lo que pasó en 2013, cuando se intentó evaluarlos, formarlos y aplicarles correctivos de acuerdo con sus capacidades: pusieron al país de cabeza.

El 14 % de los ingresos de los mexicanos se destina a mordidas, lo que nos convierte en una de las sociedades más corruptas, aunque lo justifiquemos diciendo que siempre hay alguien más corrupto que uno. Pero ¿por qué no ser legales?, ¿por qué no obedecer la ley al pie de la letra y asumir las consecuencias si la infringimos?

Si pagamos el 14 % de nuestros ingresos por actuar fuera de la ley, alguien que gana diez mil pesos llegaría a destinar $1 400 en mordidas.

La mayoría de los ciudadanos mayores de 65 años no es autosuficiente, tiene pensiones bajas y debe recibir ayuda, generalmente de los hijos, para poder vivir. Como dije anteriormente, si esto ocurre ahora, imagínate cómo será cuando te jubiles. Necesitamos una reforma de las pensiones y del seguro social. Aunque sea una medida impopular, tendrá efectos positivos a largo plazo. Alguien debería atreverse a asumir el costo político y poner en marcha estas reformas.

A continuación, te muestro algunas cifras que ayudan a definir qué es ser pobre en México:

- En México, el 99.2 % de las viviendas tiene electricidad. Paradójicamente, Chiapas es uno de los estados que más produce, pero su porcentaje de viviendas con electricidad es de los más bajos del país.
- El 89 % de las viviendas tiene drenaje, por lo que los mexicanos que viven en el 11 % restante tienen que hacer sus necesidades en letrinas o en el campo.
- El 89 % de las viviendas tiene agua entubada. No obstante, son muchos los que sufren cortes de agua constantemente, sobre todo en temporada de calor.
- Un 11 % de las viviendas no tiene agua entubada ni tiene regadera, por lo que las personas deben caminar y acarrear cubetas de agua a su casa para beber, cocinar y bañarse.

- El 98.3 % de los hogares mexicanos tiene televisión. Existiendo electricidad, lo primero que compra la gente es una televisión. Lamentablemente, porque gran parte del contenido emitido es muy pobre, un reflejo triste de nuestra sociedad, que confirma la poca preparación de los mexicanos. Además, de estos, el 43 % tiene televisión por cable.
- El 79 % de los hogares tiene refrigerador, entonces, en un 21 % los mexicanos no pueden tomar su cerveza fría ni congelar carne para la semana.
- El 62 % de los hogares tiene lavadora, así que en el 38 % se lava la ropa a mano.
- El 90 % de los mexicanos tiene teléfono celular (con 112 millones de líneas).
- El 74 % de los mexicanos tienen *smartphone*.
- El 45.6 % de los hogares tiene computadora. Esta estadística es útil para saber si eres de los mexicanos que consideran prioritario tener una computadora en casa o incluso una *laptop* para uso personal, o tienes que recurrir a la de tu trabajo, a la de tu escuela (si las hay) o la de un cibercafé.
- El 47 % de los hogares tiene conexión a internet.
- Con 85 millones de cuentas en Facebook, México se convierte en el quinto país del mundo con más usuarios.

Di clases en el ITESO de Guadalajara durante cuatro años y ahí la mayoría de los alumnos no solo disponía de una computadora de escritorio en su casa, sino que también llevaban consigo una *laptop*. Algunos creen que en el resto de México la gente vive en condiciones similares a las suyas. Saben que hay comunidades pobres y marginadas, pero no imaginan cómo vive realmente una persona sin recursos. Cuando ven la estadística del porcentaje de viviendas que cuentan con computadora, se quedan asombrados, porque la mayoría de la gente que conocen también cuenta con computadora o *laptop* y, solo entonces, se dan cuenta de que no eran conscientes de hasta qué punto son una minoría. Son los libros y no las computadoras los que marcan la diferencia en una buena educación, pero esta estadística también es útil para conocer el país.

Si el 98.3 % de los hogares tiene televisión y el 90 % de los mexicanos tiene celular, habrá que redefinir cómo es una persona pobre en México.

Existe un porcentaje de mexicanos que no tiene ninguno de los bienes y servicios mencionados anteriormente, es una minoría, pero existe. Una minoría que no tiene luz ni agua ni drenaje, y mucho menos televisión, lavadora o computadora; son los mexicanos que ganan $2 054 pesos al mes y cuya necesidad primaria es tener qué comer y dónde vivir.

Hasta ahora hemos hecho un breve análisis de cómo es México con el fin de que pudieras ubicarte y supieras a qué tipo de mexicano perteneces. Si no sabes dónde estás y con qué cuentas, no puedes comenzar a caminar en la dirección correcta porque podrías engañarte fácilmente.

Aportaciones de México para el mundo

Antes de explicarte lo que puedes hacer para sobresalir entre la mayoría, quisiera mostrarte algunas aportaciones de nuestro país para el mundo.

El **chocolate** es originario de México. Nuestros aztecas y mayas ya tomaban chocolate, pero si te pregunto cuál es el chocolate más rico del mundo, seguro te vas a acordar del suizo o del belga —y discúlpame, pero nunca vi a Heidi cultivando cacao o haciendo chocolate para su abuelito o para Pedro—. El chocolate es nuestro, pero no es solo que otros países se hayan apropiado de su fama, sino que nosotros, los propios mexicanos, también preferimos un chocolate extranjero a uno nacional.

Hace algunos años, en el aeropuerto de Mérida compré un chocolate de ki XOCOLATL, una fábrica que utiliza cacao e ingredientes 100 % mexicanos, y al probarlo, mis familiares me comentaron que era el chocolate más rico que habían probado en su vida. La receta tenía chile y miel, como la original, pero salvo en aquella ocasión y otras veces en Cancún, jamás lo he encontrado en ningún otro lugar de la República. El chocolate debería tener denominación de origen, tal como la tiene el tequila.

El **aguacate** es un regalo de México para el mundo. Somos los primeros productores y exportadores a escala mundial. Es en Michoacán donde más se produce —pero, lamentablemente, aquí es en donde más golpea la violencia y donde es más fuerte la lucha por el poder del crimen organizado—. Existen más de cuarenta países en los que también se cultiva aguacate. Nosotros solo lo exportamos como producto primario, pero no investigamos otros posibles usos que podamos patentar y comercializar, como hacen otros países, que luego nos venden productos patentados derivados del aguacate y con mayores utilidades.

El **jitomate** también es un producto que proviene de México. Se consume en todo el mundo, pero ha sido muy bien aprovechado por la cocina italiana. La pizza sin nuestros jitomates sería una simple masa con aceite de oliva y queso.

El **maíz** es la base de nuestra alimentación, la base de nuestras tortillas, tan necesario para nuestra nutrición. A veces, nuestras propias cosechas no alcanzan para abastecernos y tenemos que importarlo.

El **café**, aunque es originario de Etiopía, lo tenemos en México y contamos con uno de los mejores cafés del mundo —esa droga tan necesaria para despertar— y somos los primeros exportadores de café orgánico. Pero, si tenemos uno de los mejores cafés del mundo, ¿por qué tuvo que ser una franquicia extranjera la que nos enseñara que se podía tomar café a cualquier hora y que podía haber una cafetería en cada colonia o en cada esquina de nuestras ciudades? Soy un admirador de la cultura del buen servicio al cliente y no tengo nada en contra de Starbucks, pero ¿por qué no fueron las cafeterías mexicanas las que pusieron de moda tomar café todo el día? Hoy me quedo con el Black Coffee, La Borra del Café, La Flor de Córdoba, Café Punta del Cielo y Los Portales, franquicias mexicanas en crecimiento.

El cero. Es fascinante conocer la cultura maya y las demás culturas prehispánicas. Una vez más, fueron los extranjeros los que se dieron cuenta del valor cultural que tenían estos pueblos, los que desenterraron pirámides, realizaron excavaciones arqueológicas, investigaron y escribieron libros sobre nosotros —aunque también hubo quienes saquearon y se llevaron nuestros tesoros—. Los estudios pusieron de relieve que las culturas prehispánicas eran muy avanzadas y en muchos aspectos, incluso superiores a las europeas. Sabían medir el tiempo con exactitud, tenían conocimientos en matemáticas y astronomía y poseían la noción de la nada. Las matemáticas estarían incompletas sin las aportaciones mayas. Nacimos con un rico legado en ciencias exactas y, sin embargo, ahora los universitarios mexicanos huyen de las ingenierías por parecerles demasiado difíciles.

El calendario de 365 días (con año bisiesto calculado). Como ya comenté en el párrafo anterior, los mayas eran expertos en astronomía y dejaron muestras de su conocimiento en algunas de sus construcciones. La pirámide de Kukulkán en Chichén Itzá tiene 365 escalones en sus cuatro escalinatas y —no es secreto para los mexicanos— la proyección de una sombra que aparenta el descenso de una serpiente por los escalones marca el momento exacto en el que comienza la primavera. En el mismo Chichén Itzá está El Caracol, que era un observatorio desde el que se podía contemplar el cielo, cuyo diseño ha servido como modelo para la construcción de otros más modernos. Mientras que en España y el resto de Europa se creía que la Tierra era plana y que si se navegaba en línea recta se llegaría a un punto en el que caerían las embarcaciones al vacío, los mayas ya calculaban eclipses, las estaciones y el paso de cometas, con una precisión que aún hoy nos asombra.

El **Apocalipsis del 21 de diciembre de 2012.** El mundo no se habría sentido aterrado de no ser por esta predicción maya que supuestamente vaticinaba el choque de cometas y meteoritos sobre la Tierra conduciendo al fin de la humanidad. Pero no sabemos explotar ni obtener utilidades de nuestras propias predicciones, porque la película que se hizo sobre esta supuesta profecía maya también la acabaron haciendo los extranjeros y no fue interpretada por Andrés García, ni por Diego Luna o Gael García, ni por Salma Hayek, Ana de la Reguera o Ninel Conde. Una vez más, no fuimos nosotros los que sacamos provecho de nuestra cultura.

Si quieres conocer más acerca de los mayas, te recomiendo *La vida inagotable*, documental de Érika Araujo.

Esto es solamente una muestra de nuestra riqueza, de todo lo que hemos aportado al mundo y de cómo no somos capaces de valorarlo, reconocerlo y lucrar con ello. Es tiempo de comenzar a creer en nosotros.

Hay otros tres ejemplos de productos mexicanos que han sido comercializados por nuestro vecino del norte con éxito y a escala mundial, que son: el chile, la Salsa Tabasco y el tequila. Curiosamente, al parecer a los gringos les da diarrea el chile, pero no hay lugar en México y en el mundo donde un mexicano no pueda encontrar Salsa Tabasco.

Las grandes tequileras ahora pertenecen a grupos extranjeros y la marca Patrón (empresa creada por un estadounidense) es la que tiene mayor venta en Estados Unidos, el país que más botellas de nuestro producto consume y que lo utiliza casi en un 80 % para preparar las famosas margaritas.

¿En qué hemos cambiado?

El siguiente texto lo descubrí hace más de diez años. Pertenece al libro *Biografía del poder* de Enrique Krauze. Consiste en una entrevista que tiene lugar entre el político, historiador y periodista Francisco Bulnes y el dictador Porfirio Díaz, a finales de la dictadura porfirista. Bulnes le pregunta a Porfirio Díaz su opinión sobre los mexicanos y este le responde: «Los mexicanos [...] están contentos con comer desordenadamente antojitos, levantarse tarde, ser empleados públicos con padrinos de influencia, asistir al trabajo sin puntualidad, enfermarse con frecuencia y obtener licencias con goce de sueldo, no faltar a las corridas de toros, divertirse sin cesar, tener la decoración de las instituciones mejor que las instituciones sin decoración, casarse muy jóvenes y tener hijos a pasto, gastar más de lo que ganan y endrogarse con los usureros para hacer posadas y fiestas onomásticas. Los padres de familia que tienen más hijos son los más fieles servidores del Gobierno, por su miedo a la miseria; a eso le tienen miedo los mexicanos de las clases directivas: a la miseria, no a la opresión, no al servilismo, no a la tiranía; a la falta de pan, de casa y de vestido, y a la dura necesidad de no comer o sacrificar su pereza».

Han pasado más de cien años desde que Porfirio Díaz nos describiera así. Díaz veía a México como a un niño chiquito que necesitaba de la mano dura del padre que él mismo representaba. Pero después de una revolución, dos guerras mundiales, el Tata Cárdenas (otro *padre* que veló por los mexicanos), los Mundiales del 70 y del 86, los Juegos Olímpicos del 68, el PRI, el PAN… ¿en qué hemos cambiado? Básicamente en nada, pero sí que hay algunas diferencias.

Si hablamos de los toros, hay que decir que la fiesta brava cada vez goza de menos aficionados, sin embargo, solamente hemos cambiado su afición por la del futbol, que es el deporte más popular en México.

En cuanto al hábito de casarse joven, sigue vigente en ciudades pequeñas y entre personas con bajo nivel socioeconómico, pero las parejas pertenecientes a los niveles medios y altos cada vez se casan más tarde.

En lo referente a tener muchos hijos, hay que destacar que la tasa de natalidad ha caído enormemente. En aquel entonces la media de hijos por familia era superior a ocho, mientras que ahora es de 2.2 hijos por familia (la campaña para reducir la natalidad «pocos hijos para darles mucho», funcionó).

Por último, si no reconoces la palabra *usurero*, seguro que sabes lo que significa tener una tarjeta de crédito, ya sea Visa o MasterCard, de Palacio de Hierro, Liverpool, Coppel o de Banco Azteca. Nos sigue gustando gastar más de lo que ganamos, y *endrogarnos*.

Por lo demás, somos prácticamente igual que hace cien años: comemos desordenadamente, seguimos la famosa «dieta de la T», a base de tacos, tortas, tostadas, tamales, tejuino y tequila (gracias a ella nuestros niños ocupan el primer lugar mundial en obesidad infantil), nos gusta levantarnos tarde y tener padrinos de influencia, ser amigos del licenciado Fulano de Tal, o conocer al comandante Perenganito, ser parientes de algún político o diputado y tener «derechos especiales» sobre el resto de los mexicanos. Tener padrinos de influencia, tal como he mencionado anteriormente, también sirve para conseguir un puesto de trabajo y gozar de privilegios sin esforzarse mucho, para llegar tarde y faltar con frecuencia.

La actitud que nos convierte en los reyes de los pretextos ha pasado de generación en generación. Y entre tanto pretexto, hay que decir que el que modifica este comportamiento y cumple con su obligación, posee una ventaja competitiva sobre los demás y, en definitiva, sobresale.

¿Cómo nos vemos los mexicanos?

Pero ¿cómo nos vemos los mexicanos ahora, en el presente? Para saberlo, recurriré a la columna *El búho no ha muerto*, de Pedro Ferriz (solía escuchar su programa por las mañanas, cuando llevaba a mis hijos al colegio en el carro; es una lástima no poder oírlo más), escrita para el periódico *Excélsior* y publicada el 5 de septiembre de 2011, en ella se refleja muy bien lo que opinamos de nosotros mismos y he tomado varias reflexiones que se refieren a los temas que tratamos aquí, me gustaría desarrollar e ilustrarlas con ejemplos en los párrafos siguientes.

«Tenemos la capacidad de admirar cualquier cosa que venga **de fuera**… y de ignorar **nuestros** más grandes logros». Todo nos lo enseñan los extranjeros, incluso lo referente a nuestra propia cultura. Solamente se puso de moda la ropa de manta cuando los extranjeros empezaron a usarla. Solo empezaron a exportarse las artesanías de Tlaquepaque cuando los extranjeros, que viven en esa ciudad o en Chapala, se hicieron cargo de las empresas que las comercializan (trabajé para una de ellas). La afición a los muebles rústicos y artesanías de Tonalá y Tlaquepaque comenzó cuando los turistas estadounidenses y canadienses los pusieron de moda al decorar sus casas con estos artículos. ¿Quién desenterró nuestras pirámides? ¿Quién nos puso una cafetería en cada esquina? ¿Quién nos enseñó a comer hamburguesas, pizza y a tomar Coca-Cola todos los días?

Te comento acerca de un proyecto que siempre he querido poner en marcha, se trata de un restaurante llamado «Pancho Maclovio», «Mac Pancho», un restaurante de tortas, con toda la mercadotecnia de la comida rápida extranjera, donde se pudieran comer tortas cubanas, de milanesa, de jamón, de pierna, bañadas, ahogadas, también aguas de sabor y postres nacionales. Apuesto a que, aunque los mexicanos adoramos las tortas, no tendría éxito, a menos que primero lo viéramos en Los Ángeles, Chicago o San Antonio.

«Nuestros grupos marginados, han vivido así desde *la Conquista*… Hoy los compadecemos, haciéndolos *a un lado*». Los contemplamos solo como producto turístico y nos resulta pintoresco verlos vender figuritas chinas de la pirámide de Kukulkán, pulseras y collares hechos por ellos mismos, pero los consideramos pobres indígenas a los que hay que enviarles cobijas a la sierra Tarahumara cada invierno, que sirven para que los políticos les visiten en sus pueblos y les prometan que, como son la cuna de nuestra sociedad, no los olvidarán en su sexenio, y para que se saquen la foto con ellos, con el bastón de mando, y les den dos o tres despensas.

Para ellos las cosas no han cambiado, nunca han tenido casinos como los que tienen los pueblos indígenas vecinos del norte, que gozan de más reconocimiento y popularidad que los nuestros y son más admirados, incluso por los mismos mexicanos. La Independencia jamás llegó a las etnias indígenas, para ellos solamente cambió el explotador.

«Nuestros *políticos* son incultos, primarios, limitados, egoístas y corruptos… Pero no hay problema… Nosotros somos *iguales*». «Cada pueblo tiene el gobierno que se merece». Los que votan por el PRI, por el PAN o por el PRD somos nosotros, los candidatos salen de entre nosotros y tienen los mismos defectos y virtudes que nosotros, de manera que, si un político es mejor o peor, también es responsabilidad nuestra. La ciudadanía madura y responsable exige Gobiernos maduros y responsables. No vale excusarse en el hecho de que a los buenos candidatos siempre los asesinan. Si progresamos nosotros como sociedad, el Gobierno cambiará para bien. Pero mientras sigas votando en función del que te da despensas, del que trae a un equipo de Primera División a tu estado, del que aparece más veces en la televisión, del que se casa con una estrella de telenovelas y es más guapo o del que le conviene al jefe sindical, nada va a cambiar.

Así como en algún tiempo la Iglesia se aprovechó de la ignorancia de un pueblo no educado, a los políticos de hoy también les basta con dos o tres promesas, sumadas a una buena imagen, para tener el voto asegurado.

«Pensamos en **chiquito**. Todo lo hacemos mal y caro. Nuestras soluciones son cortas, siempre por **debajo** del problema». Las obras del Gobierno siempre empiezan con un presupuesto y terminan con otro (los Arcos del Tercer Milenio, en Guadalajara, triplicaron su presupuesto y por eso no se terminaron), y si surgen problemas, se resuelve únicamente el más inmediato y los demás se dejan para después. Dice Pedro Ferriz que podría grabar las noticias de un año y repetirlas al siguiente porque serían las mismas: inundaciones en el Estado de México, inundaciones en Tabasco, el presupuesto del Ejecutivo no ha sido aprobado…

«Tenemos la gran cualidad de **complicar** lo sencillo y hacer **imposible** lo complicado». Complicar lo sencillo es la manera en que los políticos afrontan todas las reformas que este país necesita: fiscal, laboral, energética, educativa y electoral.

Cuando el PRI estaba en la oposición, oíamos decir que necesitábamos reformas diferentes a las propuestas por el Ejecutivo (PAN), de la misma forma que también oímos al PRD decir que las reformas necesarias son las de suyas y no las del PRI. ¿Complicado? Solo para una cosa sí se ponen de acuerdo y la aprueban en una primera votación unánime: su aumento de sueldo.

Si sus salarios ya son altos, ¿por qué no hacer una reforma en la que se establezca que sus salarios aumenten en la misma proporción en la que sube el salario mínimo nacional y solamente cuando este también aumente? No propongo bajarles el sueldo, creo que los que dirigen el destino de un pueblo tienen que estar correctamente remunerados, no son santos, pero si los que gobiernan se quieren aumentar el salario, ¿por qué no subir también el salario mínimo en la misma proporción y al mismo tiempo?

Si quieres un ejemplo más cercano que muestre cómo complicarnos todo, recuerda la última junta de vecinos en tu colonia, o una junta de padres de familia en la escuela de tus hijos. Acuérdate de que en estas reuniones todos tienen la misma jerarquía y pueden opinar, por lo que intentan imponer su opinión sobre la de los demás, haciendo que dichas reuniones se hagan interminables.

«Conozco **líderes** que lucharon siempre por un ideal, hasta que se dieron cuenta que podían **vivir de él**». ¿Cómo era la vida en Chiapas, Marcos? ¿De dónde salen tus recursos, Andrés Manuel? ¿Qué fue de la utopía *hippie* de Javier Sicilia? Todos son movimientos políticos con ideas utópicas.

«Nuestros **partidos políticos** piensan que la democracia es la mejor forma de convivir, aunque solo resulte **válida** si el voto les favorece». El «voto por voto, casilla por casilla», se puso de moda en 2006 y ya no hay elección donde los que pierden no acusen a los ganadores de fraude. En 2012 también se puso en tela de juicio la limpieza de las elecciones.

El fraude es común en este país y las malas prácticas políticas afectan a todos los partidos y a las elecciones presidenciales desde la época de Vicente Guerrero. Por eso las encuestas preelectorales siempre favorecen a quien las encarga y por eso todos los contendientes han llegado a proclamar su victoria la misma tarde de la elección, atendiendo a sus encuestas.

«Creemos saberlo todo, aunque no **estudiemos** ni nos enteremos… Es como pretender saber lo absoluto ¡por ósmosis!». Y claro, si no nos gusta leer ni ir a la escuela, ¿de qué otra forma podemos aprender? ¿Por qué creemos que la mayoría de nosotros somos pobres?, ¿por mala suerte?, ¿porque los demás no reconocen nuestro talento escondido y porque los «ricos malos» se aprovechan de nosotros?

En una clase de Negociación Profesional discutíamos el tema de la deuda externa de México, concluyendo que el país tiene una sólida macroeconomía, pero que la riqueza está mal repartida. Yo argumentaba que esto no iba a cambiar, porque teníamos casi noventa millones de mexicanos que no iban más allá de segundo de secundaria. La mayoría de las personas en este país no está preparada para hacer negocios, no está preparada para tomar decisiones y tener responsabilidades; tristemente, esto solo cambiará con educación y preparación (más adelante abordaremos este tema en profundidad, pero la OCDE nos pone en nuestro lugar respecto al resto del mundo).

El Tata Cárdenas les dio tierras a los campesinos, expropió compañías de petróleo y de ferrocarriles —entre otras cosas— y se las entregó a mexicanos que carecían de preparación, y ¿qué ha sido de todas esas empresas? Pemex es la única petrolera del mundo que trabaja en números rojos, el campo ha sido abandonado por millones de mexicanos que no supieron trabajar su tierra y que emigraron a Estados Unidos, y de Ferromex mejor ni hablar, lo que podría ser hoy un país tan bien comunicado por tren, como lo es Europa, hoy tiene una empresa y red ferroviaria que apenas se mueve. El dinero se desperdició por no tener la gente la suficiente preparación para estar al frente de estas empresas.

«Nuestros jueces, ministerios públicos y todo instrumento de aplicación de la **ley**, está diseñado para ser justo... Aunque opere **al revés**». «Hay inocentes que están en la cárcel por no tener dinero»; diría Su Alteza Serenísima, Santa Anna (quien fue el segundo en hacerse llamar así, el primero fue Miguel Hidalgo): «En este país las leyes están diseñadas para los pobres, para los miedosos y para los *pendejos*». Existe el tipo de delincuente que se siente víctima porque, ¡pobrecito!, delinque por primera vez, y argumenta que, si roba o practica el contrabando, el narcotráfico o es sicario, lo hace por necesidad. Y también existe el otro tipo, el de los más malos que sí deberían encerrar en las cárceles.

Me llama mucho la atención que cada vez que hay motines en las cárceles, los familiares de los reos aparecen y empiezan a hacer el mismo alboroto que los reclusos: agreden a los policías que llegan para controlar el motín, se les enfrentan, cuando estos acuden a las cárceles para poner orden y evitar que los propios reclusos se maten entre sí, ya que muchos motines se producen por riñas entre bandas rivales.

Para saber cómo viven los «pobrecitos» delincuentes en los penales, recordaré el ejemplo del penal de Acapulco, donde al hacer un registro encontraron todo tipo de electrodomésticos, dos sacos de marihuana, 19 prostitutas y seis concubinas, ¡qué triste manera de pagar su condena!

Pero no culpemos completamente a los reclusos. El sistema también falla. Existen policías corruptos y jueces incompetentes. Enseguida me vienen a la mente tres ejemplos: el juez del documental *Presunto culpable*, el juez que ordenó la detención de Jacinta Francisca (una indígena otomí) por someter a seis agentes de la desaparecida Agencia Federal de Investigaciones (AFI), y la jueza que liberó al asesino de la hija de Marisela Escobedo, quien fue asesinada también poco tiempo después.

«Me indigna la **injusticia**, aunque no la denuncie cuando soy **objeto** de ella». Se estima que casi el 90 % de los delitos ocurridos en México no es denunciado. El principal pretexto aducido es la pérdida de tiempo, aunque detrás de este hecho también creo que hay desconfianza en las autoridades y temor a represalias. ¿En quién se puede confiar? «Estamos en el peor de los mundos. **Tememos** a la delincuencia y **desconfiamos** de la autoridad», continúa la columna de Pedro Ferriz.

Se confirman los enunciados anteriores. «El principio del funcionario es: roba hasta donde te **deje** el sistema. Si te descubre, agacha la cabeza y **vuelve** a empezar».

En noviembre de 2011 escuché que el poeta Javier Sicilia exigía, en su Movimiento por la Paz, que se erigiera un monumento en homenaje a los cincuenta mil muertos de la guerra contra la delincuencia entablada por Calderón.

Inmediatamente pensé que podría llegar a ser un monumento al sicario, teniendo en cuenta que en México solo tienen la mala suerte de morir los «buenos», en el que seguramente es su primer día como sicarios, esas víctimas del sistema que caen en las garras de la delincuencia organizada por culpa de un mal Gobierno que no les da trabajo de gerentes ni títulos universitarios por no hacer nada. La realidad es que, de esos cincuenta mil muertos, más del 95 % pertenecía al crimen organizado.

Pero qué tal si vamos más lejos y a su lado erigimos el monumento al político corrupto y exonerado, ya que hay que recordar que los políticos también son mal interpretados o los manchan los errores de sus subordinados. Tenemos varios de ellos que podrían posar para la estatua, como Luis Echeverría y López Portillo (los viejitos de *Los Muppets*), Salinas no podría faltar, y entre los más recientes tenemos de dónde escoger: el Niño Verde, Bejarano, el Gober Precioso y el Señor de los Cartelitos, Moreira. Eso sí, todos en libertad.

Al otro lado podríamos poner el monumento al mexicano ingenuo y así tendríamos un hemiciclo completo.

Estamos llegando al final de este capítulo que pretende explicar qué es México, el real, el aumentado y el minimizado, porque tenemos defectos, pero también virtudes que nosotros mismos no reconocemos ni sabemos apreciar.

El objetivo es proporcionarte una herramienta para que reconozcas en ti algunas de las características de México, para que sepas a qué México perteneces y, sobre todo, que te sirva para averiguar si quieres cambiar tu futuro.

Hay que releer las páginas anteriores con espíritu crítico y siendo sinceros con nosotros mismos para reconocer en nuestro comportamiento esos aspectos negativos comunes en muchos mexicanos y que creemos que nosotros no tenemos. Si quieres empezar a caminar en el camino correcto y mejorar, tienes que saber en dónde estás, si no lo sabes, puede ser que tu vida sea solo una ilusión. Octavio Paz diría al respecto que vivimos en una mentira continua, siempre pretendiendo ser lo que no somos.

¿Se puede progresar en México?

En las siguientes páginas te explicaré cómo puedes dejar de ser un mexicano más, cómo trabajar para superarte y tener un futuro mejor para ti y para los que te rodean. Te mostraré detalles y maneras de actuar tan simples y fáciles de realizar que tal vez te parezcan poca cosa, pero verás que la mayoría de los mexicanos no las hace, que no tiene esos hábitos, esa visión, por lo que, si sigues estas sencillas recomendaciones, serás diferente y destacarás entre los demás.

¡Es tan fácil hacer dinero en México! Nuestro país ha sido tradicionalmente tierra de acogida para inmigrantes de procedencias muy diversas (españoles, libaneses, judíos, argentinos, catalanes, etc.) a los que abrimos las puertas cuando huían de guerras civiles y otros problemas. Conozco varias historias de gente que llegó sin un peso a México, sin conocer a nadie, que se pusieron a trabajar con disciplina, visión y ganas de triunfar en la vida y que años después se convirtieron en dueños de curtidoras, editoriales, moteles, cadenas de supermercados y muchos otros negocios, en importadores de ropa y telas, etc. Si llegaron a México sin nada, ¿por qué ellos tienen negocios productivos y nosotros, la mayoría de los mexicanos, no los tenemos?

Contaré la historia de los papás de una de mis mejores amigas. Son de Vic, una pequeña ciudad cercana a Barcelona, España, y vinieron a México en los años setenta, en busca de mejores oportunidades. Llegaron a la ciudad de Puebla solo con dos maletas y la dirección de unos conocidos de unos amigos, también catalanes; durante un tiempo estuvieron viviendo en un cuarto.

Tiempo después, el papá de mi amiga consiguió trabajo como químico en la Ciudad de México. Se mudaron allá y comenzaron a ahorrar, pero no para comprar una casa u otras cosas, sino para tener su propio negocio algún día. Años después se les presentó la oportunidad de comprar una pequeña curtiduría y lo hicieron. Él no podía dejar de trabajar porque su sueldo era el que mantenía a su familia, así que fue la mamá de mi amiga la que se encargaría de la fábrica. Ella no sabía nada del negocio, pero su marido la asesoraba por las noches y lo fue aprendiendo poco a poco. Actualmente tienen dos fábricas, una en la Ciudad de México y otra en León, cada una con quince empleados. Les pregunté si conocían a más inmigrantes que hubieran progresado así y me contestaron que a muchos. En los siguientes capítulos veremos qué es lo que tenían ellos que no tenemos la mayoría de los mexicanos.

Como ellos, conozco libaneses, judíos, argentinos colombianos y chinos, que haciendo solo un poco más que la mayoría de los mexicanos, ahora son empresarios exitosos.

En los siguientes capítulos te diré cómo cambiar el resto de tu vida, cómo moldear tu futuro, te mostraré tres simples puntos que te harán ser un mexicano exitoso.

2.ª parte: Definiendo al éxito y a los mexicanos

El éxito

«Nuestro gusto por la tragedia nos ha predispuesto a una extraña relación con el éxito. No estamos acostumbrados a triunfar. El éxito nos parece sospechoso, un arte conspiratorio reservado para los presumidos.

Si la mitología fundacional de nuestra identidad está cimbrada por la cultura del mártir y la tragedia, el éxito es, de facto, una traición a nuestra identidad. Ser exitoso es ser un mal mexicano».

Emilio Lezama

Comencemos por definir la palabra éxito. Según la Real Academia Española (RAE), éxito proviene del latín *exĭtus*, que significa *salida* y se define como «el resultado feliz de un negocio o actuación» o como «el fin o terminación de un negocio o asunto».

Entonces, una persona exitosa, por definición, es la que concluye sus negocios o asuntos, sintiéndose feliz con el resultado.

La definición que más me gusta proviene del libro *Los 11 poderes del líder*, del exjugador y entrenado argentino Jorge Valdano, que dice: «El éxito nunca es el final del camino, sino un escalón feliz hacia nuestra siguiente conquista. Una acumulación de méritos que nos permite alcanzar el objetivo deseado, hasta que nos planteamos un nuevo objetivo que nos obliga a recomenzar el proceso».

Viene a decir que el éxito supone un crecimiento personal continuo que no para jamás. Por eso no importa dónde estés hoy, lo importante es que mañana no estarás ahí, y más importante aún: en el futuro estarás en un lugar mucho mejor. «El éxito es ser hoy mejor que ayer, y mañana mejor que hoy».

Pero ¿cuál es nuestra realidad como país? Llegan a mi mente dos grandes construcciones inconclusas. La primera es el monumento a la Revolución, la estructura que debió ser la sede de la Cámara de Diputados y Senadores y que terminó convertida en un mausoleo donde se encuentran los restos de Madero, Villa, Carranza, Cárdenas y Calles —supongo que a disgusto, sobre todo de Villa y Carranza—, nuestros héroes revolucionarios, y donde en 2013 tuvo lugar el plantón magisterial que lo dejó hecho un basurero.

El otro gran monumento inconcluso son los Arcos del Tercer Milenio, en Guadalajara. Debieron de inaugurarse seis arcos majestuosos con motivo del nuevo milenio, que iban a ser el nuevo flamante emblema de Guadalajara, pero catorce años después solo se pueden observar cuatro, y los dos restantes no tienen todavía fecha de inicio de construcción. Hay que decir que como el nombre oficial de la obra es «Arcos del Tercer Milenio», todavía quedan más de novecientos años para terminarlos.

A nuestra clase política le encanta anunciar nuevas obras e infraestructuras, colocar primeras piedras y salir en la foto, así como ganarse votos con la promesa de que van a cumplir lo que prometen. Lo que me lleva a pensar que antes eso no sucedía, que no se terminaba lo que se prometía y tal vez ni se comenzaba. Algunas de las obras que recuerdo y que pueden servir de ejemplo son la supercarretera Lagos de Moreno-Ojuelos, cuya obra estuvo más de diez años suspendida —a pesar de que es de cuota—, y el Nuevo Aeropuerto Internacional de la Ciudad de México (NAICM), que emplazaron en San Salvador Atenco, justo en los terrenos con mayor productividad y plusvalía de México, en el único resquicio del país donde *se siembra oro* (el conflicto tiene, sobre todo, fondo político). Y así podría continuar enumerando otros ejemplos, y seguramente tú también recordarás obras que prometieron en tu estado, municipio o ciudad y que no fueron concluidas e incluso, ni iniciadas. Pero ¿qué hay de las tuyas? ¿Cuántos monumentos a la Revolución tienes inconclusos? ¿Cuántas carreteras no has comenzado a construir? ¿Cuántos Arcos del Tercer Milenio no tienes terminados?

Para el 2015 se anunció el inicio de la construcción del NAICM; en 2017 la obra ha ido avanzando, sin embargo, no por eso ha estado exenta de la tentación de ser cancelada y dejada como un elefante blanco. En la elecciones del 2016 en el Estado de México Delfina Gómez, candidata del partido Morena, y Andrés Manuel López Obrador, presidente del partido, hicieron la propuesta de campaña de detener y cancelar la obra del NAICM por considerarla un «gasto innecesario», para el 2018 volveremos a tener elecciones para elegir al presidente de nuestro país y Andrés Manuel no ha quitado el dedo del renglón, si se cancelara la construcción del nuevo aeropuerto, este quedaría como un bonito y necesario proyecto que no se llevó a cabo por diversos intereses.

¿Qué tiene que ver todo esto con el éxito? Que, como ya vimos, el éxito tiene que ver con terminar las cosas, y en México no terminamos lo que nos proponemos. Volvamos de nuevo contigo, ¿cuántos planes has tenido en tu cabeza?, ¿cuántos propósitos te has puesto?, ¿cuántos negocios has querido emprender?, ¿cuántos estudios has querido realizar?, ¿cuántos kilos te propusiste bajar? Al final, te aseguro que de todas las metas que te has marcado, has cumplido menos de un 20 %, y que para cada una de ellas tienes un pretexto, una justificación o alguien a quien incriminar por tu renuncia, ¡porque jamás será tu culpa!

A continuación, comparto contigo otras definiciones de éxito y de persona exitosa:

- «Una persona exitosa no es la que nunca fracasa, sino la que se equivoca y vuelve a levantarse para continuar».
- «Una persona exitosa es aquella que cree en sí misma y en su capacidad para triunfar».
- «Una persona ha alcanzado el éxito si se siente exitosa y feliz».
- «El éxito es paz mental, es la autosatisfacción que da el saber que haces lo máximo para llegar a ser lo mejor que eres capaz de ser».

Entre todas estas definiciones se resume bien lo que es el éxito para los universitarios en México. Todos los enunciados tienen en común que incluyen un mensaje de autoestima, pues las personas exitosas tienen esa condición, la de creer en ellas por encima de todo, de caerse y volverse a levantar, de sentirse felices por dar el máximo. El rasgo principal de las personas exitosas (según otra descripción) es que creen que pueden lograr cualquier cosa que se propongan.

Basándome en las definiciones anteriores, y en muchas otras que he leído, llegué a mi propia conclusión y ahora la comparto contigo:

El éxito es superarme a mí mismo cada día,
ser mejor hoy que ayer, y si retrocedo,
tener la capacidad de recuperar los pasos perdidos.

Mi maestro de Precios y Finanzas durante la maestría, Rubén Rodríguez Beltrán, antes de enseñarnos finanzas, nos enseñó a pensar y comenzó definiéndonos tres tipos de pensamiento:

- **Dogmático:** consiste en seguir lo dictado por el gurú de moda.

- **Crítico:** se basa en diseñar estrategias respaldadas con nuestra razón y verificar su validez con base en los hechos.
- **Basado en prácticas imitativas:** consiste en copiar lo que hacen o dicen las demás personas o empresas exitosas.

Aunque soy seguidor de Pedro Ferriz, no es mi gurú y trato de tener un pensamiento crítico sobre sus editoriales, análisis y opiniones dadas en su programa. Ya hemos visto algunos de los pensamientos que refleja en su columna *El búho no ha muerto*. Los siguientes tienen que ver con el éxito:

- «Nos da *rabia* el éxito de nuestro vecino. Su bienestar me provoca urticaria. Lo bueno, es que a él le pasa *lo mismo*».
- «¡Cómo nos cuesta trabajo *aplaudir* un genuino éxito!... El logro de otro, es mi pequeña *derrota*».

Estas reflexiones me hacen volver a mi infancia. Nací en Irapuato, pero crecí en Rioverde, un paraíso a poco más de 130 kilómetros de San Luis Potosí, así que mi niñez transcurrió realizando el trayecto que dura más de dos horas entre las poblaciones de San Luis Potosí y Rioverde, a través de la sierra, un suplicio para mi hermana y para mí, que siempre terminábamos mareados y vomitando.

¿Qué tiene de especial Rioverde? La Media Luna, un manantial natural con más de cuarenta metros de profundidad donde se puede bucear, y otros dos manantiales, los Anteojitos y el Charco Azul, y a poco más de una hora, las Cascadas de Tamasopo y Puente de Dios, y la cascada de Tamul, ¡todo un paraíso natural!

Entonces, los únicos turistas que recuerdo que nos visitaban, eran los extranjeros, que llegaban para acampar y conocer el resto de la Huasteca. Posteriormente se promocionó más la zona y llegaron turistas de toda la República Mexicana. Lamentablemente, ahora conozco a más personas secuestradas y desaparecidas en Rioverde que en Guadalajara. La ciudad fue tomada por extorsionadores de todo tipo y cualquiera que tenga algo de capital es su blanco potencial, pues las autoridades en ciudades tan pequeñas son incapaces de imponérseles (lo mismo pasa en muchas otras pequeñas ciudades del país).

No es que en Rioverde abunde la riqueza —la riqueza natural claro que sí—, ya que, desde el punto de vista de la economía, estábamos como en cualquier otra ciudad del país. Cada vez que alguien hacía dinero en Rioverde, se solían oír comentarios del tipo «seguro que se hizo narco», «yo sé cómo hizo dinero», «dicen que le robó a fulanito», «estafó a su socio», «se casó con una rica», «está haciendo negocios chuecos con menganito»… Nunca escuché comentarios positivos como: «es una persona trabajadora», «se preparó e hizo un buen negocio que está creciendo», «tuvo visión», «trabaja de sol a sol»… En Rioverde nos costaba mucho trabajo creer que alguien podía producir dinero legalmente y solamente trabajando, que alguien pudiera ser exitoso y destacara del resto del pueblo, porque esta actitud justamente nos estaba mostrando que sí se podía progresar y ponía en evidencia al resto de la gente, que estaba sumida en la mediocridad. Lo dice Camilo Cruz en su libro *La vaca*: «El enemigo del éxito no es el fracaso, sino el conformismo y la mediocridad». Y las mismas historias se repetían en Ciudad Lerdo, Durango, donde vive la familia de mi papá, y seguramente donde tú vives se repiten también estos comentarios.

Nos cuesta mucho trabajo aceptar el éxito de los demás, pero también el nuestro. Una de las muchas cosas que hacía para vivir era comercializar ropa; tenía clientes desde Ciudad Juárez hasta Mérida, a principios de cada año comenzaba la nueva temporada primavera-verano y visitaba a muchos de ellos en sus tiendas. Siempre les preguntaba cómo les había ido el año anterior, la temporada de Navidad es muy productiva, pero la mayoría siempre me solía responder así: «salimos adelante», «más o menos bien», «gracias a Dios pudimos cubrir los gastos», «no me quejo, ahí la llevamos». Muchos de ellos tenían sus bodegas junto a sus oficinas y veía que estaban vacías, a algunos los visitaba durante la temporada de Navidad para ver cómo se estaba vendiendo mi mercancía y sus tiendas estaban llenas de gente comprando. Sin embargo, ¿por qué nos cuesta tanto trabajo decir que nos fue bien, que el año fue excelente y que vendimos más que el anterior, que cumplimos nuestros objetivos (si es que los tenemos)? No nos gusta reconocer que nos va bien, ni presumir que tuvimos éxito, pues está mal visto.

También les preguntaba a mis clientes cómo creían que iba a presentarse el año que comenzaba y las respuestas no variaban de tono: «dicen que será muy difícil», «las cosas se van a poner todavía más duras», «debemos ir con cuidado», «la economía no anda bien», «no hay que tomar riesgos», «este año hay elecciones, veremos quién es presidente». Lo más positivo que escuchaba era: «esperemos que vaya bien».

Todas esas respuestas tenían un mensaje pesimista y las escuchaba cada año. No sé si es que se prefiere pensar que todo va a salir mal y así poder sentir alivio después y agradecer que todo se resolvió mejor de lo que esperábamos. Pero ¿por qué no decir: «voy a hacer crecer mis ventas», «voy a abrir un nuevo negocio», «quiero vender más este año», «voy a expandir mi mercado»? Frases que demuestren que se está en movimiento, en crecimiento, que los negocios están creciendo y no simplemente sobreviviendo.

Soy aficionado de las chivas del Guadalajara, el Chicharito, Javier Hernández, exjugador del club, siempre ha tenido algo especial desde que debutó en Primera División contra el Necaxa y anotó un gol con el que casi fue el primer balón que tocó. Recuerdo que corrió hacia las tribunas para celebrarlo con su padre. Actualmente, aunque juega en Europa y sigue sin tener la mejor técnica, posee una mentalidad que lo convierte en uno de los mejores jugadores del mundo. Es el ídolo de mis hijos y de millones de niños más, así como mi ídolo fue Hugo Sánchez cuando este jugaba en el Real Madrid. El historial de Hugo es impresionante: bicampeón con los pumas en la Liga mexicana, campeón de la Copa del Rey con el Atlético de Madrid, cinco veces campeón de Liga con el Real Madrid, campeón de la copa UEFA con el Real Madrid, cinco veces pichichi de la Liga española, botín de oro, tercer mejor goleador de la Liga de España (en 2014 Lionel Messi lo alcanzó como segundo mejor goleador), bicampeón como director técnico con los pumas en la Liga mexicana y segundo mexicano en dirigir un equipo en Europa, ¡toda una historia de éxito para un mexicano verdaderamente exitoso!

Sin embargo, a pesar de todo, actualmente no se le considera carismático y cae mal a una gran mayoría de los mexicanos, que lo tachan de presumido, creído, alzado y pedante. Pareciera que queremos verlo caer y fracasar; llegó muy lejos y queremos volver a verlo al nivel de todos los demás.

Los cangrejos mexicanos

Hugo Sánchez dio a conocer la historia de los cangrejos mexicanos, si es que no la inventó él. La historia dice que un pescador tenía dos cubetas de cangrejos, en una había cangrejos mexicanos y en otra, cangrejos canadienses (o de la nacionalidad que quieras). La cubeta con los cangrejos mexicanos estaba destapada y la de los cangrejos canadienses tapada. Cuando llega alguien y le pregunta al pescador la causa, este responde: «La cubeta que está cubierta es de cangrejos canadienses. Cada vez que uno quiere escapar los demás lo ayudan, lo apoyan y lo impulsan para que logre su objetivo, pues saben que después pueden ser ellos quienes quieran escapar. En cambio, la otra cubeta es de cangrejos mexicanos, están destapados porque cada vez que uno quiere fugarse los demás lo detienen, lo jalan para abajo, ya que, si todos están ahí, él también se queda, así que no tengo que preocuparme de que escapen. Todos se friegan».

La historia de los cangrejos convirtió a Hugo Sánchez en un personaje sumamente impopular, odiado por muchos más mexicanos. Nos dolió la historia, pero en el fondo… dijo la verdad. Ahora, la mayoría de los mexicanos busca fracasos y promesas y objetivos no cumplidos en la vida de Hugo Sánchez para hacerlo caer, pero esa es precisamente una característica de las personas exitosas: una visión exitosa. En una entrevista que le hicieron a Hugo, le preguntaron cómo hacía para anotar esos goles tan espectaculares que marcaba, y él contestó que un día antes del juego, concentrado en su cuarto, imaginaba el gol, lo visualizaba y se veía marcándolo, celebrándolo, e incluso oía a la gente gritar de la emoción. Al día siguiente lo hacía tal como lo había imaginado.

Las personas exitosas no solo tienen visión, sino que, además, anuncian al mundo lo que van a hacer para que todo su ser esté decidido a lograrlo. Es una forma de comprometerse con los demás. «Voy a ser el mejor jugador mexicano en la historia». «Voy a ser campeón». «Voy a ser campeón goleador». «Voy a ser director técnico». «Voy a ser campeón con los pumas». «Voy a ser bicampeón». «Voy a ser técnico de la selección nacional y voy a llevar al futbol mexicano a los primeros lugares». «Voy a dirigir en Europa»… Cada vez que una de sus profecías se cumplía lo odiábamos más, nos daba más coraje ver cómo destacaba, hasta que en una de ellas falló: fracasó en llevar a México a los primeros lugares como seleccionador nacional.

Posiblemente Hugo Sánchez ha cumplido más del 80 % de las metas que se ha puesto en la vida, pero por el 20 % restante que no cumplió lo queremos crucificar y convertir en un mexicano común y corriente y regresarlo a la cubeta.

Esto también se puede aplicar a Jorge Vergara, quien anunció la construcción de un estadio que tardó un poco más del tiempo planeado en terminarse, pero que hoy ahí está. Recuerdo a Pablo Carrillo (comentarista deportivo de Grupo Imagen) cuando lo criticaba diciendo que en lugar del estadio solamente existía el árbol que sembraron como primera piedra. Ya habían comenzado a construirlo y decía que nada pasaba ahí, que lo de Vergara eran nada más que promesas; pero hoy no solo existe el estadio, sino también un equipo que tiene una estrategia, un plan de trabajo y que, tarde o temprano, cosechará éxitos (solo hay que dejarlo madurar).

De Vergara se decían cosas como que robó las fórmulas de Herbalife; que primero trabajaba y vendía carnitas para tortas ahogadas, después trabajó para Herbalife y que luego puso su propia empresa. Para mí, simplemente tuvo visión. Las fórmulas de Herbalife deben estar registradas y patentadas en todo el mundo, no se pueden robar, simplemente las modificó, patentó nuevas fórmulas y creó una empresa que no nació ni creció de la noche a la mañana, solo que nosotros la conocimos cuando ya estaba consolidada, pero le llevó décadas llegar a donde está. Si algún día vendió carnitas, más que relegarlo a carnicero, habría que admirar hasta dónde ha llegado y seguir su ejemplo.

En sus inicios, Carlos Slim fue maestro, y lo sigue siendo, ya que muchas de sus fundaciones apoyan la educación de los mexicanos, como Khan Academy en español. Carlos Slim comenzó a trabajar hace más de cuatro décadas e inició empresas de toda índole, desde Sanborns hasta Telmex, aunque siempre que se hace referencia a él se dice que es rico porque Salinas le vendió Telmex a peso y que así lo puede hacer cualquiera. Pero la verdad es que el ingeniero hace las cosas bien, que cada día tiene más empresas, no solo en México sino también en el extranjero, y que, además, son sumamente competitivas.

¡Ojalá que en México hubiera más Carlos Slim, Jorges Vergara y Hugos Sánchez!

Hombres como ellos no son populares, no nos gusta saber que son mexicanos exitosos y por eso nos caen mal, tratamos de minimizar la importancia de lo que han conseguido.

La conclusión es que en México tenemos problemas con el éxito; tenemos problemas para aceptar nuestro éxito y el de los demás, nos cuesta decir que nos va bien y hacérselo saber a los demás. No está bien visto, no es prudente y, para acabar, no es seguro (el nuevo pretexto).

Tenemos problemas con los logros de los demás, nos caen mal las personas exitosas e intentamos minimizar la importancia de lo que han conseguido. Este libro pretende cambiar esa actitud y enseñarte a aceptar tu éxito y el de los demás.

Instrucción escolar

«No estoy de acuerdo con los sueldos que ganan los profesores que atienden a la escuela. El día que un maestro gane más que un general, entonces se salvará México».

Pancho Villa

En los capítulos anteriores he escrito acerca de dónde estamos, quiénes somos y qué nos impide rendir al máximo. También mencioné que este libro es el siguiente paso a uno de superación personal, pero ¿por qué es así?

Porque un libro de superación personal te prepara mentalmente, te dice que creas en ti, que te quieras, que tú tienes el poder y el control de tu vida, que visualices tus metas para alcanzarlas, que solamente pienses en cosas positivas y emanes «buena vibra». Todos estos argumentos me parecen correctos, ya que el éxito de un individuo comienza cuando está seguro de sí mismo, se valora y se quiere, en definitiva: cuando una persona tiene una alta autoestima.

La autoestima se logra con mucho trabajo terapéutico, logrando pequeñas metas que nos den cada vez más seguridad, con libros de autoayuda y superación y mucho trabajo. Sin embargo, para muchas personas es decepcionante comprobar, una vez que se creen programados mentalmente para recibir la abundancia, el éxito y la felicidad, que estos no llegan tan fácilmente como se dice en los libros.

Preparación y mentalidad

Te voy a poner un ejemplo. Imagina que alguien ha deseado durante toda su vida tener el automóvil de sus sueños, y que lee en un libro de superación personal que debe desearlo con todas sus fuerzas para poder conseguirlo. Así que esta persona coloca una foto de su carro favorito en la pared de su cuarto, habla de él todos los días, algunas veces va a un concesionario de automóviles, se sube en el coche que desea, pregunta su precio e indaga si tienen el color que prefiere. En definitiva, hace todo lo que los libros de superación personal dicen, se imagina que ya lo posee.

Perfecto, pone a trabajar la ley de la atracción, tiene pensamientos positivos y logra que todo su ser se ponga en marcha para conseguir el carro de sus sueños. Y este llega.

¡Genial! ¡Padrísimo! Todos suponemos que esta persona sabe manejar, pues lo habitual es que si deseas un carro es porque sabes manejar. Pero ¿y si no fuera así?, ¿y si resulta que esta persona nunca en su vida había tenido acceso a un carro?, pero quería uno. Entonces, puede que ese carro no le sirva para mucho y si lo intenta manejar, posiblemente lo choque y lo pierda. También puede que lo estacione junto a su casa o en la cochera y que jamás lo use, que sea solo un adorno. Y otra opción es que aprenda a manejar, pero eso le llevará algunas semanas.

Este ejemplo es una metáfora para explicar lo que les pasa a muchos en la vida: piden algo, pero cuando se les concede no tienen la capacidad para administrarlo y lo acaban perdiendo. Esto ocurre porque no tienen la preparación mental ni la escolar ni la experiencia necesarias. Claro que siempre pueden aprender después de conseguir algo, pero es mejor seguir el proceso contrario: hay que estar listos cuando lleguen las cosas que pedimos en lugar de que lleguen primero para ver luego qué pasa con ellas.

¿Cuántos futbolistas, boxeadores y deportistas de alto rendimiento en nuestro país ganan miles de pesos (o dólares) y después acaban arruinados porque todo lo gastaron en alcohol, mujeres, fiestas y otros excesos? No están preparados para el éxito y su dinero no lo invierten, no lo utilizan para producir más dinero, terminan derrochándolo, y lo que parecía un futuro asegurado ya no lo es. Todas esas personas no estaban preparadas ni mental ni académicamente para tener dinero y por eso lo terminan perdiendo.

Existe una estadística que nos dice que el 80 % de los deportistas profesionales ha perdido todo su dinero diez años después de haberse retirado. La estadística nos muestra que el 60 % de los jugadores retirados de la NBA también ha perdido la mayoría de sus ganancias después de cinco años.

En México he conocido casos de futbolistas que han llegado a construir réplicas del castillo de Disney en sus casas para sus hijas, o que compraron un auto de lujo de cada color porque no se decidían por uno en especial. El caso más extremo que he oído, y que nos muestra la ingenuidad que puede llegar a tener un futbolista, sucedió en Guadalajara, resulta que un jugador mexicano del club Atlas fue a las oficinas de una empresa de televisión por cable para que le instalaran televisión por cable en su automóvil; ese mismo futbolista ahora es candidato para presidente municipal, por su municipio, El Salto.

Otro caso que en verdad me sorprendió fue el de un futbolista que, al nacer su hijo, este tuvo problemas médicos y estuvo mucho tiempo hospitalizado. El club se hizo cargo de los gastos, pero él en lugar de conservar la calma, agobiado y en un momento de crisis muy difícil para la familia, lo que acabó haciendo fue comprándose un carro deportivo de cuatro millones de pesos.

El sueño de muchos mexicanos es hacerse millonarios de la noche a la mañana, pero esa riqueza no tiene una base sólida, por lo que también de la noche a la mañana, pierden todo.

También puede pasar que lo que deseas nunca llegue, que te desesperes y desilusiones. Veámoslo con otro ejemplo: imagina a alguien que trabaja en intendencia (con todo respeto) y que lee un libro de autoayuda. El libro le inyecta confianza y decide que su nueva meta en la vida es ser *manager* de algún área administrativa de la empresa en que trabaja. Se desempeña bien, llega temprano, barre, trapea y sacude como nadie y a conciencia; en su área todo huele a limpio y nunca hay basura tirada, es bueno con sus compañeros y tiene la estima de colegas y superiores. Pero pasa el tiempo y nadie se fija en él, ni tampoco nadie le ofrece un empleo como administrativo. Está muy bien valorado dentro del personal de intendencia y tal vez llegue a sobresalir entre sus compañeros de trabajo y subir algunos puestos en esa área, pero no llegará a donde él quiere llegar y, con el tiempo, se cansará de perseguir ese sueño.

En el caso anterior el problema es que esa persona no se ha capacitado para tener un puesto administrativo, o dicho de otra manera, y aludiendo a la metáfora anterior, «quiere el carro, pero no ha aprendido a manejar». No todo va a llegar porque lo desees con todas tus fuerzas, te mentalices y creas en ti, hay otros factores que hacen que las cosas sucedan. Cuando llegue el carro, tenemos que saber manejarlo.

Si nuestro amigo quiere ser administrativo, primero tiene que ser consciente de su realidad, saber desde dónde va a partir, a dónde quiere llegar y cómo va a llegar ahí. Debe trazar un plan, que bien podría ser terminar la secundaria o la preparatoria —si no lo ha hecho— y después estudiar algún curso o diplomado en administración e incluso hasta una carrera. Entonces, ya sabiendo manejar, ya teniendo no solo la preparación mental, sino también la académica, sí que podrá aplicar para un puesto administrativo.

Las cosas no suceden solamente por desearlas mucho y visualizarlas, también pasan porque nos preparamos para que sucedan. Este libro te enseñará cómo hacer que las cosas sucedan.

Sin embargo, también se puede dar el caso contrario: tener una preparación académica adecuada, pero no estar mentalizados para el éxito. Esto se presenta con frecuencia en muchos egresados universitarios, personas que tienen una preparación académica superior a la mayoría, pero que no tienen la preparación mental o la autoestima para sobresalir.

Voy a contar una historia sobre alguien que conozco. Espero que le sirva de motivación si llega a leer este libro, y que sirva también como ejemplo para otras personas y pueda ayudarles. En mi universidad, el ITESO, existe la costumbre de dar aventón. Es una tradición que está en sintonía con la filosofía de la universidad para respetar el medio ambiente y construir un planeta mejor. A pesar de ser una universidad situada a las afueras de la ciudad, muchos estudiantes llegan en bicicleta y muchos comparten carros, hacen rondas y piden aventón para no incrementar el tránsito de la ciudad.

En la entrada de la universidad hay una glorieta donde se suelen parar los estudiantes y maestros que levantan su pulgar o que muestran un letrero con su destino. Un día recogí ahí a un estudiante de Relaciones Internacionales (o Industriales, no recuerdo bien), que estaba a punto de graduarse. Comenzamos a charlar y me comentó que también trabajaba ahí mismo, en la universidad, para pagar sus estudios, en Servicios Generales (el trabajo en esa área consiste en barrer, trapear, limpiar los salones, los baños y las mesas de la cafetería, recoger la basura, y ocuparse de la seguridad de la universidad, entre muchas otras cosas más). El ITESO es una de las mejores universidades, no solo de Guadalajara sino del país, y estudiar ahí no es fácil ni barato (aunque he de reconocer que tiene uno de los mejores programas de financiamiento y becas universitarias).

Me causó muy buena impresión, era el vivo ejemplo de todo en lo que yo creía, alguien que venía de una familia de escasos recursos, en la que nadie había estudiado una carrera universitaria, que no se había conformado con ir a la universidad pública y había llegado a estudiar en una universidad de prestigio, una de las mejores del país. ¡Bravo por él!

Me lo encontré varias veces después, y detecté un problema. Aunque ya le faltaba poco para graduarse, no dejaba de ser «el chico de Servicios Generales», y no porque sus compañeros o maestros lo vieran así, sino porque no tenía la suficiente fuerza mental y la autoestima para verse como un futuro licenciado. Iba a tardar en terminar su carrera más que otros estudiantes, ya que tenía que trabajar ocho horas diarias y solamente podía estudiar cuatro o cinco materias por semestre para poder cumplir con ambas actividades.

La última vez que lo vi platicamos del tema laboral, un estudiante de último año de una carrera universitaria tendría que trabajar de pasante o hacer prácticas profesionales en el ámbito de su carrera, pero él seguía limpiando mesas. ¿Por qué?

Él está adquiriendo una preparación académica —de hecho, es posible que sea la persona de Servicios Generales con más estudios—, pero aún no tiene la preparación mental para pensar que ya puede trabajar como la mayoría de sus compañeros, ya sea en un puesto de auxiliar administrativo, de becario o en una pasantía, preparándose para tener experiencia para cuando se gradúe (casi todos los estudiantes del ITESO, en sus últimos semestres, tienen trabajos remunerados en alguna empresa, y la mayoría de las empresas, a su vez, pide tener experiencia laboral para contratar).

Cuando lo veo, a pesar de que tiene 27 años, lo percibo chiquito. Necesita una transformación mental, necesita creer que puede acceder a un puesto acorde con sus capacidades, ¿de qué le sirve ser licenciado si no pide un trabajo en un área diferente a Servicios Generales, incluso en la misma universidad? Eso le sugerí en uno de nuestros últimos encuentros, que pidiera trabajo en el ITESO, en el área administrativa, pero me respondió como si fuera un niño, diciéndome que había hablado con alguien para ver si le ayudaba.

Una persona segura y con autoestima no espera a que otra persona le ayude y le consiga trabajo, sino que va y lo pide, concierta una cita y envía su currículo una y otra vez hasta conseguirlo, ahí o en cualquier otro lado.

Soy consciente de que hizo un gran esfuerzo para estudiar, pero ya que lo hizo, ahora tiene que creer que ya no es el chico de Servicios Generales que estudia en una universidad privada, sino que debe pensar que es casi un licenciado y es hora de empezar a gritárselo al mundo.

Por eso es importante contar tanto con la preparación mental como con la preparación académica. A continuación, hablaré de la preparación académica de los mexicanos. Te servirá para tomar tus propias decisiones, en tu vida o en la de tus hijos —si es que los tienes—, para seguir avanzado y lograr el éxito.

Educación de calidad, la base del éxito

El primer paso para lograr el éxito personal es tener una excelente preparación académica, tener una educación de calidad y nunca dejar de prepararse, estar en aprendizaje constante. Los mexicanos estudian hasta la secundaria, un promedio de 9.1 años, una cifra que va en aumento.

La siguiente gráfica muestra el nivel de estudios de los mexicanos relacionado con sus ingresos y nos muestra también cuántos años se estudia en un país desarrollado.

Gráfica 1. Promedio de años de estudio

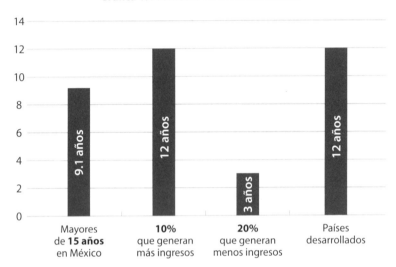

Si te sorprende la primera barra, la que se refiere a la escolaridad promedio de los mexicanos y que alcanza solo los 9.1 años de estudio, recuerda que se censa a toda la población mayor de quince años y que, aunque ahora la mayoría de los niños están obligados a estudiar la primaria y la secundaria, y en el 2012 se extendió hasta la educación media superior, hay adultos que apenas si terminaron la preparación básica.

La segunda barra nos muestra cómo el número de años estudiados por los mexicanos que tienen más ingresos es de tres más que el resto. ¿Qué nos dice este indicador? Pues que para ganar más en México hay que estudiar durante más tiempo.

Terminar la educación media superior significa ganar más dinero que quedarse solo con la primaria o la secundaria, pero menos que si se ha estudiado una carrera técnica, una licenciatura o una ingeniería y, por supuesto, mucho menos que alguien que posea un posgrado.

El nivel de formación de los mexicanos seguirá subiendo. Muchos de nuestros abuelos enfrentaron al mundo sabiendo solo leer y escribir, pero ahora, por ley, los jóvenes deben terminar la educación media superior, por lo que el promedio de escolaridad en México subirá tal vez uno o dos años durante la próxima década, así como también aumentarán los años de estudio de la gente que más gana, que subirán hasta catorce o quince años.

El 20 % de los mexicanos, el porcentaje que menos ingresos tiene, solamente estudia un promedio de tres años. Chiapas, Oaxaca y Guerrero son los estados con la escolaridad más baja (a pesar de ser lugares paradisiacos, siempre se han distinguido por su pobreza y atraso respecto al resto del país). Tanto Oaxaca como Guerrero se distinguen también por la negatividad de sus profesores, que son conflictivos. Siempre que se oye alguna noticia acerca de estos estados es referente a que los maestros cerraron universidades, están en huelga, hacen manifestaciones y bloqueos, toman instalaciones y hacen destrozos.

En suma, no solamente es que no haya escuelas, sino que las personas destinadas a enseñar no lo hacen bien y siempre tienen un pretexto para estar en paro, y después quieren enseñar toda la materia de un año en un par de meses.

La realidad es que los maestros hacen como que enseñan y los niños hacen como que aprenden o intentan aprender, pero no pueden. Los resultados son nefastos y las consecuencias ahí están.

En diciembre del 2011 murieron dos estudiantes de la Escuela Normal de Chilpancingo como resultado de un enfrentamiento con las autoridades cuando los estudiantes cerraron la autopista del Sol, una de las principales vías que comunica a la Ciudad de México con la ciudad de Acapulco.

Según los noticiarios, los estudiantes estaban armados con bombas molotov, atacaron con piedras a quienes pretendían desalojarlos y quemaron una gasolinera junto a la autopista con el saldo de un trabajador lesionado por quemaduras. Entre sus exigencias figuraba la admisión de todos los que quisieran ingresar a la Escuela Normal, y que se les aseguraran plazas una vez terminados los estudios, aunque concluyeran con un promedio de seis o siete, como en la última evaluación (2014).

¿Te gustaría que alguno de ellos llegara a ser el maestro de tus hijos? Hacen bloqueos, toman radiodifusoras, se enfrentan a las autoridades, toman escuelas con violencia y exigen muchas cosas que otros graduados universitarios no tienen (como una ayuda de $50 pesos al día para comida). ¿Te gustaría que el modelo de tu hijo, su maestro, fuera una persona que exigió ser contratada a pesar de tener un promedio de siete y demostrar ineficiencia anteriormente? ¿Qué les puede enseñar a nuestros hijos un maestro que ni siquiera se puso como meta sacar sus estudios con notas satisfactorias? Si decidió ser maestro, se supone que es porque tiene vocación y se quiere dedicar a ello el resto de su vida, porque, supuestamente, es algo para lo que nació y ama, pero ¡ni así se preparan bien!

El promedio de años estudiados en un país desarrollado alcanza los doce años: terminan la preparatoria o su equivalente. Los países con promedios de más años estudiados son Noruega, Estados Unidos y Canadá, y el promedio de escolaridad del resto de los países miembros de la OCDE es de 11.9 años, tres años más que el de México. México ocupa el último lugar en educación de los países miembros de la OCDE (2015).

¿Qué quiero probar con estos datos? Los habitantes de un país desarrollado tienen mejores servicios, mayores ingresos y mejor calidad de vida como consecuencia de su mejor preparación, de sus años de estudio, de especializarse y prepararse. Al ser pueblos más y mejor educados toman mejores decisiones a la hora de elegir a sus gobernantes que, a su vez, les facilitan un alto nivel de vida con sus decisiones.

Te aseguro que, si estudias durante más de catorce años, tu calidad de vida será parecida a la de un ciudadano de un país desarrollado.

Mi maestro Rubén, en su clase de Precios y Finanzas, alguna vez dijo que «las personas poco instruidas corren el peligro de seguir y confiar ciegamente en aquellos que sí lo están».

La educación es un asunto muy importante, pero en México la vemos solo como una obligación y miramos la escuela como una guardería para nuestros hijos y prueba de ello es que uno de los nuevos programas del Gobierno es la escuela extendida, pero no la publicitan como más horas para preparar a los niños, sino como más horas para que los papás puedan trabajar tranquilos y tengan dónde dejar a sus hijos y quién se los cuide sin costo; la escuela es vista simplemente como un trámite más que hay que cumplir y las consecuencias de no darle su justo valor están a la vista.

Las cifras demuestran que cuanto más se estudia más se gana. Las entidades más pobres del país son las que tienen menor escolaridad, la ecuación no engaña, el promedio de años estudiados en cualquiera de los países desarrollados supera al de los mexicanos.

La primera barra de la gráfica 2 en la siguiente página muestra cómo más del 90 % de los mexicanos tiene terminada la educación primaria (es decir, sabe leer, escribir, sumar, restar, dividir y multiplicar). Este porcentaje subirá en el futuro, ya que ahora casi el 100 % de los niños mexicanos cursan estos estudios; entre el 90 % y el 100 % terminan la primaria y con eso estamos igualando los índices de los países desarrollados en cuanto a educación básica.

La siguiente barra se refiere a la enseñanza secundaria. Solo entre el 30 % y el 40 % de los mexicanos la ha terminado. Es aquí donde nos frenamos y estamos considerablemente por debajo de los índices de los países desarrollados.

Aunque en la gráfica no se muestra, solamente el 18 % de los mexicanos tiene la preparatoria terminada, y existe un salto tremendo entre los que han acabado la primaria y la secundaria, y entre los que han finalizado esta última y la preparatoria.

Gráfica 2. Nivel de estudios (% de la población)

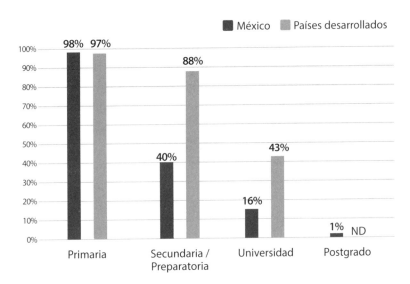

La tendencia indica que pareciera que más de la mitad de los estudiantes que terminan la primaria abandonan los estudios, pues el 40 % de los mexicanos tiene la secundaria terminada y solo el 18 %, la preparatoria; este último porcentaje representa a los jóvenes y adultos en el país que tienen estudios de preparación media superior terminados: apenas 13.7 millones de mexicanos. Solo esta parte de la población, de veinte años o más, tenemos el promedio de estudios de un país desarrollado.

En un país desarrollado, más del 70 % de la población que entra a la preparatoria o su equivalente, la termina. La escolaridad no la podemos aumentar por decreto —ni pagando a los estudiantes por no abandonar la escuela, como en la

Ciudad de México—. Ahora imagina que tu casa es un país, si la mayoría de los integrantes de tu hogar tiene la preparatoria terminada, tendrán condiciones de vida mejores que las del promedio nacional, condiciones de vida propias de un país desarrollado.

La siguiente barra de la gráfica 2 representa el porcentaje de la población con formación universitaria concluida; en México es el 16 %. Entre la preparatoria y la universidad solo hay una diferencia de 2 %, lo que parece mostrar una tendencia a seguir estudiando una vez terminada la preparatoria. Alrededor del 40 % de la población de los países desarrollados, más del doble que en México, tiene una carrera universitaria.

Actualmente, solo el 24 % de nuestros jóvenes ingresa a la universidad, en comparación con el 93 % de los de Corea del Sur y el 47 % de los jóvenes chilenos. En México tenemos pocas expectativas de subir nuestro porcentaje de graduados universitarios, porque como ya vimos, de este 24 % no todos terminan la carrera.

Por último, la barra de los posgrados muestra cómo únicamente el 1 % de la población de este país, de entre 25 y 64 años, cuenta con uno de ellos. Los posgrados son importantes porque nos proporcionan una mejor preparación en otras áreas y complementan nuestra educación universitaria. No siempre basta tener una licenciatura para estar bien preparado.

El valor de un posgrado es altísimo, ¡lástima que ahora se quiera rebajarlo a la categoría de mero trámite o requisito para ganar un poco más dinero! Porque existen universidades que ofrecen posgrados donde no prima la calidad de su enseñanza, sino su precio y su accesibilidad. ¡Ojalá que no se malbaraten las maestrías y que el que decida estudiar una lo haga para aportar algo más al país, por aprender y ser mejor y no solo para ascender en una compañía transnacional y ganar diez mil pesos más!

Así está constituido México. ¿En qué escalafón te encuentras tú? Estés donde estés, siempre puedes ascender.

Gráfica 3. Nivel de estudios en México

567 mil
con posgrado

3.14 millones
concluyeron la universidad
en una escuela privada

10.48 millones
han concluido la universidad
(población de 25 años o más)

2.93 millones
de jóvenes están inscritos en la universidad

86.96 millones
tiene promedio de escolaridad de 9.1 años (población de 15 años o más)

Como verás, la base de la pirámide está formada por 86.96 millones de mexicanos. Son todos los mexicanos que tienen quince años o más y que juntos promedian 9.1 años de escolaridad. De ellos, 2.93 millones están inscritos en la universidad y 10.48 millones ya la concluyeron, de estos últimos, 3.14 millones lo hicieron en una universidad privada.

Actualmente hay más de 76 millones de jóvenes mexicanos que tienen estudios de preparatoria o menos, ¿a qué clase de empleos pueden aspirar? A ninguno especializado.

Los graduados universitarios, esos 10.48 millones, son quienes tienen la responsabilidad de crear empleos y empresas que den trabajo a los escalafones de abajo. Sin embargo, lamentablemente no lo hacen, sino que compiten entre ellos por encontrar trabajo en empresas transnacionales; y desafortunadamente, al haber exceso de demanda, los salarios de los graduados universitarios son muy bajos.

Solo el 30 % de los graduados universitarios estudió en universidades privadas. No tengo nada en contra de las universidades públicas, de hecho, el CUCEA de la Universidad de Guadalajara tiene un excelente campus y maestros muy preparados, pero aun así, no es lo mismo estar en una clase con 22 alumnos y un maestro bien preparado y bien pagado, que con cincuenta compañeros y un profesor que obtuvo su plaza mediante un favor político y que, además, está ahí por las prestaciones y conexiones que tiene dentro de la universidad.

Hay un dicho que dice que el que de verdad quiere ser buen estudiante donde quiera lo va a ser, pero realmente ¿cuántos buenos estudiantes tenemos? Se necesitan madurez y un alto grado de responsabilidad para lograr un elevado aprovechamiento escolar y esta actitud no abunda en este país.

Pero también podemos hacer otra categoría a la hora de evaluar la calidad de las universidades. No todas las universidades privadas son de alto nivel, algunas son muy malas en lo que concierne a sus instalaciones y a la calidad de sus profesores; las famosas «escuelas patito» cubren un nicho de mercado, el de los estudiantes que por alguna razón no entraron a las universidades públicas (la mayoría de las veces por falta de preparación).

Por ejemplo, la Universidad de Guadalajara da prioridad a sus alumnos de preparatoria y a los mejores estudiantes, pero, aun así, existen carreras —como la de Medicina—, que están altamente saturadas y tienen largas listas de espera, incluso para alumnos con buenas calificaciones. Hay muchas «universidades patito» que reclutan a todos esos estudiantes que no ingresaron a la universidad pública, ya sea por promedio o por no salir en listas, pero que tampoco tienen los recursos o el nivel escolar para ingresar en una universidad privada de renombre.

Estudiantes que no destacan, a los que sus familias obligan a seguir estudiando porque creen que así aseguran su futuro, ellos son el mercado potencial para las universidades que se venden diciendo que en ellas finalizarás los estudios en tres años, que los viernes no tendrás clases o que ese día tendrás clase de Artísticas o Deportes únicamente, centros que promocionan más el precio o las horas que vas a estudiar que la calidad de los estudios y que incluso te pueden llegar a otorgar una beca si llevas a un amigo.

El prestigio de una universidad debería medirse por la calidad de los servicios que presta, la de su enseñanza, la de sus maestros y la preparación de sus alumnos cuando se gradúan. La calidad cuesta, tiene un precio alto, no se da por decreto, hay que trabajar y estudiar mucho para obtenerla y hacer sacrificios si no es accesible.

La buena noticia para los buenos estudiantes es que las universidades de prestigio en este país tienen excelentes sistemas de créditos y becas, aunque raramente sean aprovechadas por estudiantes de bajos recursos.

Los resultados de las universidades patito son profesionistas patito. ¿Cuántas veces no has visto reportajes en los noticieros en los que aparecen taqueros y taxistas que son abogados o contadores? Te aseguro que ni eran estudiantes excelentes ni estudiaron en una universidad de prestigio. Si no fuiste un buen estudiante, tener un título no te garantiza la preparación adecuada para ejercer. Si tu universidad no es reconocida, lo más probable es que no estés muy capacitado como profesionista y no seas muy valorado. Hay que darle más valor a la calidad de la educación. Si lo haces, será beneficioso para ti, para tus hijos y para tus nietos.

Mi madre nos decía a mi hermana y a mí que la única herencia que nos iba a dejar eran nuestros estudios, y toda su vida trabajó para que estuviéramos en las mejores escuelas. Se lo agradezco infinitamente. Si quieres dejarle algo a tus hijos como herencia, regálales estudios de calidad, busca las mejores escuelas, exígeles que tengan buenas calificaciones, que sean responsables, que sean alumnos de diez, te lo agradecerán el resto de su vida.

México es un país de medias donde siempre hacemos lo que la mayoría hace, de acuerdo con el medio en el que crecemos y nos desarrollamos, donde nos comportamos y vivimos como la mayoría de las personas de nuestro entorno. Por ejemplo, si un niño va aprobando los cursos en una escuela pública donde los padres y los maestros no les dan mucho valor a los estudios (sé del caso de una profesora que dejaba a sus alumnos trabajando mientras iba al súper a comprar) y, además, tiene unas calificaciones como las de sus compañeros, ya se considera suficiente. Si saca un seis está bien, si obtiene un siete o un ocho, mejor, pero si el alumno es de nueve o diez, sus compañeros lo molestan, lo marginan y sienten que lo tienen que regresar a la cubeta de los cangrejitos.

Sé sincero contigo mismo, ¿te exigían calificaciones sobresalientes en la secundaria y en la preparatoria, o bastaba con que no reprobaras para que tus padres estuvieran conformes? Si tienes hijos, ¿les exiges dieces en la escuela?, ¿los reprendes y castigas cuando no hacen sus tareas, cuando tiene un mal examen?, ¿pagas clases especiales?, ¿los llevas a clases de matemáticas o inglés para mejorar su rendimiento?

Aquí en Guadalajara existe una escuela muy pequeña, el CEDI, que ha tenido las mejores puntuaciones a escala nacional en más de una ocasión en la prueba ENLACE (que mide el nivel de desempeño). ¿Pero qué tiene de especial el CEDI? Cualquier niño puede entrar, no es una escuela para niños genios ni nada parecido, pero ahí se propusieron conseguir la excelencia en sus alumnos y les exigen ser los mejores, además, tienen los mejores maestros y el mejor personal para predicar con el ejemplo. La calificación media en esta escuela es de nueve y diez, y tanto los alumnos como sus padres se esfuerzan por estar dentro de la media. Aquí, un alumno de ocho ya se sale de la media y uno de siete, mucho más.

Nosotros podemos elevar nuestro estándar de desempeño, nuestro nivel de exigencia, y buscar la escuela y los medios adecuados donde desarrollarnos para alcanzar las metas que nos fijamos o que les fijamos a nuestros hijos (cuando esas decisiones nos corresponden a los padres todavía).

Tal vez opines que en México no hay oportunidades suficientes para conseguir estudios de calidad, que no hay suficientes escuelas buenas, que no todos pueden entrar a una escuela o universidad privada de calidad, y que no hay espacio para todos en las universidades públicas. Los anteriores son buenos pretextos, pero la verdad es que no les damos valor a los estudios, no le damos valor al conocimiento y preferimos culpar al sistema.

¿Cómo puedo demostrar esta afirmación? ¿Hay forma de comprobar si los mexicanos que tienen acceso a escuelas públicas y privadas del primer mundo siguen sin estudiar? La respuesta es sí.

Mexicanos en Estados Unidos

Muchos se quejan de la cercanía de México con Estados Unidos. Yo la veo más como una ventaja que como un inconveniente. Actualmente hay más de 36 millones de mexicanos viviendo en el país vecino (consideramos mexicanos a los nacidos en México y también a sus hijos y nietos nacidos en Estados Unidos), acorde con información del U. S. Census Bureau (2016). Nuestros compatriotas mandan remesas de dinero de Estados Unidos a México, y existe un intercambio comercial entre ambas naciones que es beneficioso (la balanza comercial nos es favorable).

A pesar de que tenemos problemas de seguridad —ya que es común que Estados Unidos emita alertas de viaje para destinos en México—, narcotráfico y emigración, las remesas que provienen de Estados Unidos constituyen la segunda fuente más grande de divisas del país, después de la venta de petróleo.

En Estados Unidos viven más de 36 millones de hispanos de origen mexicano, entre residentes e indocumentados. Muchos de ellos tienen hijos e incluso nietos que ya tienen la nacionalidad estadounidense, que han nacido con los mismos derechos y las mismas obligaciones que cualquier «gringo güero».

Todos esos hijos y nietos de mexicanos tienen acceso a escuelas públicas de un país del primer mundo (en caso de no contar con recursos para las privadas) y las mismas oportunidades de competir por una beca, si reúnen los requisitos, o financiamiento que tienen los demás ciudadanos estadounidenses para entrar a una universidad privada, y también tienen las mismas oportunidades para ir a la universidad pública o a un *community college*, además de los servicios de un país de primer mundo, todo lo que en México supuestamente no tenían y por lo cual emigraron a Estados Unidos en busca de mejores condiciones de vida. Pero ¿aprovecharon dichas oportunidades? ¿Tenemos hijos de mexicanos, nacidos en Estados Unidos, con altos niveles escolares? ¿Tenemos más universitarios?

Los mexicanos, los hijos de los mexicanos, y los nietos de los mexicanos en Estados Unidos tienen un promedio de escolaridad de once años, solo dos años más que el promedio de México, y uno de cada cuatro vive en condiciones de pobreza, el 25 %. Pero el resto de la población mexicoamericana, casi el 75 % restante, solo tiene un nivel de vida ligeramente superior. Uno de cada diez es empresario y, de acuerdo con el U. S. Census Bureau, solamente el 18 % es profesionista o tiene un puesto administrativo, el 23.7 % trabaja en alguna empresa de servicios, el 22.2 % en ventas, el 15.5 % en la construcción, y el 18.5 % en la producción y el transporte.

Por lo tanto, no somos ni profesionistas ni empresarios ni trabajamos en el área administrativa. Además, si nos comparamos con otras minorías, encontramos que el 20 % de los estadounidenses procedentes de Asia son ejecutivos en alguna empresa, y tres de cada cuatro emigrantes provienen de Europa.

¿Emigrantes europeos? Tal vez te sorprendas al leerlo. La emigración asiática es más conocida. Gente procedente de la India, China, Vietnam y muchos otros países asiáticos llega a las costas norteamericanas del Pacífico, tradicionalmente en barco; pero a la costa Este también llegan muchos europeos. Cuando pensamos en Europa solemos acordarnos de países desarrollados como Alemania, Inglaterra, Francia o Suiza (con sus propios problemas de emigración, sobre todo con los africanos del norte), pero también ahí existen diferentes realidades.

Los países con mejor calidad de vida en Europa son los escandinavos, pero en el polo opuesto existen muchos otros países con unas condiciones de pobreza y subdesarrollo iguales o peores que las de México, países como Ucrania, Letonia, Estonia, Bulgaria, Montenegro, Serbia, Rumania y Moldavia, la mayoría del este del continente, aunque en algún tiempo también las tuvo Irlanda, de donde proceden miles de descendientes de emigrantes que hoy viven en ciudades como Boston.

Todos estos emigrantes también viajan a Estados Unidos huyendo de la pobreza, y para ellos no es nada fácil llegar. Te aseguro que los emigrantes asiáticos y europeos no llegan en avión. Imagina a un grupo de emigrantes de Bulgaria preguntándose qué hacer cuando aterricen en Nueva York porque no tienen visa, te aseguro que cuando se abre la escotilla del avión no salen todos corriendo por el aeropuerto perseguidos por «la migra». La realidad es que tanto asiáticos como europeos llegan en barco, algunos viajan en contenedores, en condiciones infrahumanas, y luego tienen que desembarcar en costas deshabitadas para, desde ahí, intentar llegar al primer pueblo donde puedan alojarse o contactar a algún familiar o amigo que los recoja y los ayude, no obstante, a veces algunos son introducidos a Estados Unidos en condiciones de esclavitud —sobre todo los asiáticos—.

En cambio nosotros, los mexicanos, tras años de emigración, todos tenemos un pariente ya viviendo en Estados Unidos que nos puede recibir y ayudar, y desde Guadalajara por $600 pesos te puedes subir a un autobús con destino a Tijuana, Nogales, Ciudad Juárez o Laredo, a la parte de la frontera que prefieras, y viajar cómodamente sentado, con aire acondicionado y hasta viendo películas ($600 pesos puede ser mucho dinero para algunas personas, es el sueldo mínimo de una semana, pero se pueden llegar a reunir pidiendo limosna en dos días). El precio de un boleto en una aerolínea de bajo costo no supera los $1 200 pesos, y se puede encontrar incluso en $800 pesos si se compra con tiempo, y así, en tres horas se está en la frontera más lejana que es Tijuana.

Subiendo a la Bestia, los emigrantes corren el riesgo de ser asaltados por pandillas como los Maras, de caer y ser arrollados por el tren, o de ser reclutados forzosamente por el crimen organizado, cuando por unos pesos se pueden evitar todos estos riesgos.

Cuando en los noticiarios veo a los emigrantes que se suben al tren la Bestia y viajan de polizones en los techos de los vagones, creo que corren un riesgo innecesario y que para ellos es parte de la aventura. Viajar así puede ser asunto obligado para un emigrante centroamericano, que no tiene IFE o INE ni identificación alguna para comprar un boleto de autobús o avión, y puede correr el riesgo de ser detenido (las leyes ya cambiaron), pero un mexicano tiene todas las facilidades para viajar de otra manera en vez de arriesgar su vida en el tren.

Algunas veces se detiene a camiones llenos de emigrantes, o se encuentra a estos cuando se registran casas donde los tenían escondidos. Cuando los entrevistan y les preguntan cuánto le pagaron al *pollero* (quien cruza a los indocumentados al otro lado de la frontera de manera ilegal), hablan de que llegaron a pagar hasta cinco mil dólares. Discúlpenme, pero eso no es no tener dinero; con esa cantidad se puede poner un pequeño negocio en cualquier parte del país, y si tienen esa cantidad podemos llegar a deducir que del 60 % de los mexicanos que decidieron irse a Estados Unidos, la mayoría tenía trabajo en México (nadie los juzga por buscar mejores oportunidades).

Volviendo al tema educativo, solamente el 14 % de los descendientes de mexicanos tiene una carrera universitaria, el U. S. Census Bureau maneja una cifra en torno al 12.7 %, pero ya sea un 12.7 % o un 14 %, el porcentaje es similar al de los mexicanos que viven en México. Lo cual me lleva a concluir que los mexicanos o hijos de mexicanos escolarizados en el primer mundo, aun con todas las facilidades y oportunidades a su alcance, derivadas de su situación, no estudian más que los mexicanos en México, no le dan valor a la escuela ni a las facilidades con las que cuentan y solo buscan terminar sus estudios básicos y ponerse a trabajar. El trabajo, el «jale» o la «chamba», para ellos es muy importante, significa ser productivos y no andar de «cholos» o pandilleros, sin embargo, teniendo estudios se puede acceder a trabajos mejor remunerados; el no estudiar para los mexicanos es cultural.

Los mexicoamericanos, por lo tanto, no buscan superarse ni escalar peldaños, con estar mejor que en México se conforman. La verdad es paradójica, pues cuando están en Estados Unidos buscan mexicanizar todo su entorno, tener las mismas cosas que tenían en México, pero cuando vienen de vacaciones o de visita hablan de todo lo que tienen allá y que aquí no pueden tener.

En 1998 estuve de vacaciones en la ciudad de Chicago (Illinois) durante un verano completo. Los tíos de uno de mis mejores amigos tenían un pequeño supermercado (Centro Market) en una de las zonas mexicanas de la ciudad y lo primero que me llamó la atención fue que el 90 % o más de los trabajadores no hablaba inglés, a pesar de que muchos de ellos llevaban más de quince años viviendo en los Estados Unidos. No necesitan saber hablar inglés, pues en sus casas y en su trabajo hablan español, además de que viven en barrios mexicanos donde reina el español, donde hay televisión y toda clase de servicios en español. Jamás salen de ese entorno, que es como un México en miniatura, y no tienen ese afán de superarse, ni la inquietud por hablar el lenguaje del país donde viven, para tener mejores oportunidades, mejores salarios, mejores empleos, y que incluso es necesario para pedir la ciudadanía. Las estadísticas anteriores ya nos lo demostraron: el trabajo y el esfuerzo mental no son lo nuestro.

Un día, cuando me encontraba de visita en la tienda, se me acercó una persona balbuceando un mal español. En inglés le pregunté que si le podía ayudar, pero no me entendió. Me dijo que su lengua materna era el español, sin embargo, no lo hablaba bien, parecía un angloparlante. Sorprendentemente no hablaba correctamente ninguno de los dos idiomas.

Algunas de las características de una persona exitosa son saber expresarse correctamente y poder comunicarse bien. Es muy importante saber escuchar a las personas de nuestro entorno, aumentar nuestros conocimientos, adquirir recursos para comunicarnos correctamente y transmitir ideas, decir lo que pensamos y que los demás nos entiendan. En México, ¿cuántas personas no saben hablar o expresarse correctamente?

Concluimos, de nuevo, que si los mexicanos no estudian no es por falta de universidades y escuelas preparatorias, sino que este desinterés responde a un factor cultural: no concedemos valor al conocimiento y al aprendizaje y preferimos culpar al sistema (nunca vamos a reconocer que estudiar está en nuestras manos) e incluso los mexicanos que tienen todas las oportunidades para tener una educación de calidad y poder crecer, no las aprovechan.

Piensa en el dinero que puede llegar a gastar una familia en una fiesta de xv años. ¿No sería mejor invertir ese dinero en los estudios universitarios de la joven, en una universidad privada?

El valor de la cultura

En México se les da poca importancia a los estudios, muchos padres actúan como si las escuelas primarias y secundarias fueran simples guarderías para sus niños, para que estos se entretengan allí durante la mitad del día y ahora, con la escuela extendida, también por las tardes, pero no las ven como una fuente de crecimiento y superación. Nos quejamos de que existen cientos de abogados, contadores y administradores que terminan de taxistas o taqueros, pero yo les pregunto, tanto a ellos como a ti, ¿tienen un nivel cultural mínimo?, ¿su educación es de calidad?, ¿están bien preparados? Bueno, contesta las siguientes preguntas:

- ¿Qué significa *México*?

México es el país donde naciste, donde creciste y donde vives. Claro que la palabra *México* tiene un significado; si lo conoces, te felicito, pero si no es así, imagina que estás con un cliente extranjero o con el jefe de tu empresa (si es transnacional, seguramente será extranjero) y que cualquiera de ellos te empieza a hablar sobre lo bello que es tu país, de la importancia de sus culturas y de su historia y te pregunta por el significado de la palabra *México* y tú no sabes contestarle, y te tienes que excusar diciendo que sabes de comercio, de mercadotecnia y de finanzas, pero que de historia, no. O das la típica respuesta de un político: contestas que para ti México es una tierra de oportunidades, de gente trabajadora de buen corazón, luchona y con ganas de salir adelante, siempre alegre, un pueblo que siempre espera con los brazos abiertos. Entonces, te pregunto: ¿en qué país no dicen eso de su gente?

México significa «el ombligo de la Luna».

- Durante la Revolución mexicana ¿cuáles fueron los bandos rivales?

Si habías pensado que conservadores contra liberales, te equivocaste. Y si crees que fue el pueblo contra Porfirio Díaz, pues acertaste en parte, pero no del todo.

Todos los 20 de noviembre celebramos el aniversario de la Revolución y se hace un desfile deportivo, pero la mayoría no sabe que todos los supuestos héroes revolucionarios se pelearon entre sí, pensamos que el enemigo común era Porfirio Díaz, quien abandonó el país en 1911 rumbo a Francia, donde viviría cuatro años más sin mayor conflicto.

- ¿Quiénes escribieron las obras literarias *Gringo viejo*, *Cien años de soledad* y *Pedro Páramo*? (El segundo no es mexicano, pero vivió y murió en México, además de que esta es una pregunta de cultura general).

Respuesta: Carlos Fuentes, Gabriel García Márquez (colombiano) y Juan Rulfo, respectivamente.

- ¿Cuándo nació México?

Ya lo mencioné anteriormente. Antes de la llegada de los españoles existieron en el territorio que ocupa el México actual varios imperios independientes y ciudades-estado, y después pasamos a formar parte de la Nueva España.

¿Sabes por qué no celebramos esa fecha? Porque coincide con el cumpleaños del primer villano oficial del México independiente. Con esto ya te di pistas para contestar.

- Ahora una pregunta fácil: dime los nombres de los dos emperadores que ha tenido México.

111

Sí, Moctezuma fue un emperador azteca y Cuauhtémoc también, pero cuando gobernaban, México aún no había nacido. ¡Síguelo intentando!

- ¿Cómo se llamaba el primer presidente de México?

Aquí responde con el verdadero nombre del primer presidente, no con el que se puso después de la Independencia.

El primer presidente de México se llamaba José Miguel Ramón Adaucto Fernández y Félix, más conocido como Guadalupe Victoria.

- Explica la guerra de Reforma.

Es probable que si antes no pudiste explicar la Revolución mexicana, te sea mucho más complicado explicar la guerra de Reforma, es un tema que se toca «por encima» en las escuelas y que incluso está vetado en algunas escuelas privadas pertenecientes a congregaciones religiosas.

- Por último, ¿cuáles son los tres libros que han marcado tu vida?

En esta pregunta no es válido responder que la Biblia. Más del 80 % del país es católico y nos la leen cada domingo en misa.

Hace cuatro años, cuando comenzaba con la investigación de lo que posteriormente sería el contenido de mi conferencia «Cómo ser un mexicano exitoso», tuve la oportunidad de comprobar que alumnos universitarios egresados de preparatorias reconocidas por su calidad no sabían contestar correctamente a estas preguntas.

Elaboré un examen de cultura general. Les preguntaba la ubicación de algunos ríos, las capitales de algunos países, les pedía que hicieran una multiplicación sin calculadora, les preguntaba por los autores de ciertos libros y también por el último campeón de la Liga mexicana de futbol o de la Champions League, un poco de todo. Los resultados fueron catastróficos. Alrededor del 85 % de los examinados no contestó bien ni la mitad de las preguntas. Esta situación también la puedo observar en mis conferencias y la veía con mis alumnos en la universidad. Te puedo decir que el 98 % de las personas interrogadas no conoce las respuestas.

He tenido discusiones o intercambio de ideas con algunos profesionistas que me dicen que saben de comercio, de mercadotecnia, de leyes, etc., es decir, de lo que estudiaron, y que no tienen por qué saber algo que no es de su interés o que no tiene nada qué ver con su profesión.

Las empresas transnacionales han sido un salvavidas al crear los empleos que los empresarios mexicanos no han generado. Necesitábamos maquiladoras que dieran trabajo a los obreros y a la mayoría de los mexicanos que no tiene estudios superiores a tercero de secundaria. Empleos que deberían haber sido creados por ese 16 % de mexicanos que tiene una profesión y una visión diferente y que está mejor preparado.

Lamentablemente, muchos de los mexicanos preparados que disponían de dinero para hacer negocios prefirieron invertir en bienes raíces (un negocio más seguro). Al no haber empresarios mexicanos que generaran empleos, se favoreció la llegada de empresas extranjeras, ofreciéndoles condiciones muy favorables, para llenar el vacío no ocupado por los empresarios locales. A estas empresas se les incentivó con algunas concesiones para que se establecieran en el país: les regalaron terrenos, se les condonaron impuestos y, sobre todo, se les permitió que tuvieran los salarios bien controlados.

Las empresas extranjeras no son instituciones de caridad sin fines de lucro, son centros de trabajo que buscan beneficios, su meta es conseguir que sus productos tengan costos bajos de producción, inferiores a los de su país (no es lo mismo pagar seis dólares por hora en Estados Unidos que seis dólares por día en México). Por lo tanto, los salarios que ofrecen son lógicamente bajos. Estas empresas no solamente contratan obreros, sino que también emplean a muchos profesionistas recién egresados y con experiencia para sus puestos administrativos medios, pero no los contratan para perfiles altos ni para directivos, puestos que siguen siendo ocupados por extranjeros.

Egresé de la universidad hace más de diez años y muchos de mis compañeros encontraron trabajo en estas compañías. Sus condiciones laborales son las siguientes: tener disponibilidad de horario —lo que equivale a trabajar más de ocho horas diarias y a la hora que sea— y soportar el trabajo bajo presión —que traducido significa que te van a pedir más de lo que puedes hacer, que te llevarán al límite—. Para justificar que viven metidos en su empresa, todos ellos se dicen adictos al trabajo, pero es mentira, la verdad es que le tienen pánico al recorte, a ser despedidos, porque si no hay proyectos, o si se producen menos unidades, ya no son necesarios todos y lo habitual es que haya despidos. Así que se quedan y trabajan horas extras sin protestar y están metidos en la empresa los siete días de la semana, para no ser ellos los que sean recortados. Por cierto, como nota adicional, hay que decir que estas empresas contratan a sus trabajadores por periodos de seis meses o un año, así que sus empleados no generan antigüedad y, por lo tanto, no tendrán buenas prestaciones al final de su vida laboral.

Los obreros en estas empresas trabajan por $600 pesos a la semana, los profesionistas —sobre todo en las áreas administrativas— también ganan sueldos muy bajos, aproximadamente ocho mil pesos mensuales, después de trabajar durante años, entre nueve y diez horas diarias y fines de semana.

Trabajar así significa sacrificar amigos y familia y tener como máxima aspiración la posibilidad de ascender algunos puestos y ganar un poco más. Y, por cierto, si no te gusta la política laboral de tu empresa, no estás conforme con tu sueldo y tus horas de trabajo, o no das el ancho, te arriesgas a ser sustituido de un día para otro, sin mayor problema, sin tener tiempo siquiera para capacitar a tu sustituto, porque no eres indispensable y puedes ser fácilmente reemplazado.

Progresaste y ya eres gerente medio, ya ganas quince mil pesos, y luego veinte mil pesos, después de diez años de trabajo para la empresa, pero va a llegar un momento en que te digan «hasta aquí llegaste, después de trabajar quince años para nosotros, ya estás ganando veinticinco mil pesos mensuales, pero no vas a subir más». ¿Por qué? Porque los puestos de treinta mil pesos o más, los puestos que se pagan en dólares, los puestos altos, están reservados para profesionistas del país de origen de la empresa, o de otros países. Y ¿por qué?, ¿crees que a los alemanes, estadounidenses y canadienses les encanta venir a vivir a México? No dudo que seamos su destino de vacaciones predilecto, pero para establecerse, para vivir aquí, creo que prefieren otros lugares, a menos que la empresa esté en Cancún, Los Cabos o Puerto Vallarta.

¿Por qué no contratan mexicanos para puestos altos? Sé que en algunas empresas sí lo hacen, pero son una minoría, menos del 5 % (en algunas empresas de Guadalajara, hasta el 40 % de la plantilla de trabajadores son extranjeros). La respuesta es que si los profesionistas mexicanos no saben lo que significa *México*, mucho menos van a saber dirigir una empresa transnacional desde un puesto de alta responsabilidad.

El perfil de un ejecutivo o un alto directivo responde al de una persona que, además de los conocimientos referentes a su carrera, posee una amplia cultura general. Muchos de ellos conocen la historia de su país, e incluso la de México mejor que los propios mexicanos, y tienen un gran espíritu de superación. Aunque existen mexicanos con estas condiciones, son una minoría (y no tienen problemas con su empleo y su salario). Por eso hay que reclutar ejecutivos extranjeros, porque los mexicanos no están bien preparados y tampoco quieren estarlo.

¿Para qué es necesario tener una amplia cultura general? Para tomar la decisión más acertada para el crecimiento de la empresa, para eso le pagan a un ejecutivo, a un director, y después dicha decisión pasa a los mandos medios para que la ejecuten. Los mandos medios solamente siguen órdenes.

El Gobierno de México, conocedor del retraso que sufre la educación, necesitaba una radiografía precisa de su estado para poner en marcha medidas correctoras que pudieran mejorarla. Por eso crearon la prueba ENLACE, para medir el nivel de desempeño en la educación y comenzar a trabajar para mejorarla.

La prueba ENLACE era una evaluación muy controvertida por haber puesto en evidencia la calidad de la enseñanza y el grado de competencia de los profesores (gremio que, como ya mencioné, es intocable en este país, y ha conseguido que esta prueba no se siga aplicando). Los maestros exigen un trabajo al graduarse, piden una plaza con un siete de promedio, se heredan plazas de padres a hijos y, a pesar de obtener malos resultados, no sufren consecuencias laborales.

A continuación, te mostraré dos gráficas con los resultados de la Secretaría de Educación Pública (SEP) de las últimas pruebas ENLACE practicadas (de 2013 para primaria y secundaria y de 2014 para nivel medio superior). También he analizado otras mediciones de desempeño escolar, como el Informe PISA realizado por la OCDE, y en todas estamos por debajo del promedio mundial.

Gráfica 4a. Resultados de las últimas pruebas ENLACE (%)
(Insuficiente a Elemental)

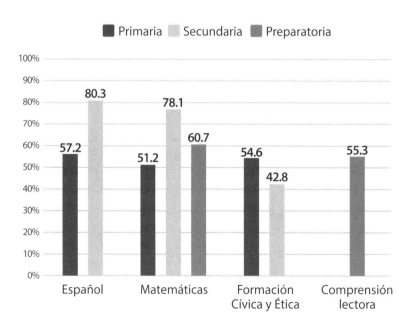

Gráfica 4b. Resultados de las últimas pruebas ENLACE (%)
(Bueno y Excelente)

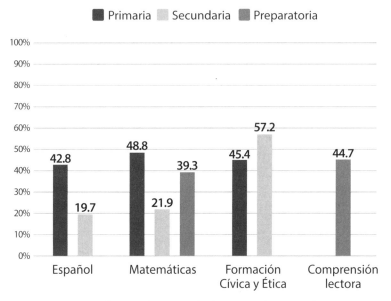

En español casi el 60 % de los estudiantes de primaria y poco más del 80 % de los de secundaria no son aptos. Y las cosas no mejoran en matemáticas, donde más de la mitad de los estudiantes de primaria no son aptos y en secundaria el porcentaje aumenta hasta casi el 80 % y en preparatoria hasta el 60 %, lo que indica que solo el 20 % de los estudiantes de secundaria es apto en matemáticas y solo un 40 % de los de preparatoria.

Sin embargo, te aseguro que ese 78.1 % de los estudiantes de secundaria y ese 60.7 % de los de preparatoria se gradúan, aunque no tengan los conocimientos elementales.

En cuanto a Formación Cívica y Ética, se podría decir que la mitad de los estudiantes está en las mismas malas condiciones. Y en lo referido a comprensión lectora en bachillerato, más del 50 % de los alumnos no entiende lo que lee, ni tiene el hábito de la lectura, ni lee correctamente.

Los resultados de la OCDE muestran cómo los índices de habilidad lectora de los alumnos mexicanos son alarmantes, pero este aspecto concreto lo abordaremos con más detenimiento en el siguiente capítulo.

¿Qué nos dicen las gráficas anteriores? Que los estudios en México no son de calidad, que solo se estudia para cumplir con los requisitos mínimos, que ni los alumnos ni los maestros ni los padres de familia están comprometidos con la calidad de la enseñanza ni para mejorar (al Gobierno lo dejo de lado, para cualquier persona en el poder es más fácil manejar y explotar a un pueblo ignorante). También reflejan que las huelgas y los paros de estudiantes fomentan aún más la mediocridad, que las exigencias injustificadas de algunos son perjudiciales y que los alumnos mediocres son los futuros taqueros con títulos de abogados.

Profesiones con futuro en México

El siguiente problema con el que nos enfrentamos es que, una vez que decidimos entrar a la universidad, la mayoría queremos estudiar lo mismo. Un motivo que importa a la hora de escoger una carrera es que esta no sea muy complicada, por lo que solemos escoger estudios que no tienen matemáticas, una asignatura que sirve de filtro para que las diferentes ingenierías no sean las carreras más solicitadas.

Sé que hay mucha gente que tiene una verdadera vocación por su carrera, que nacieron para ser comunicólogos, psicólogos o diseñadores —cuyas carreras son las más demandadas—, pero la mayoría lo decidió porque son carreras «fáciles», carreras de moda, porque se imaginaban trabajando en la televisión, diseñando para una empresa de renombre, o porque sabían escuchar a los demás y debido a ello pensaron que era buena idea estudiar Psicología. Simplemente tenían que cubrir el requisito de tener una carrera y optaron por la más fácil para llenarlo. Lamentablemente, la mayoría de los egresados, los que no tienen una vocación real, perciben salarios muy bajos porque existe un exceso de oferta para esos empleos.

La siguiente gráfica muestra los estudios que están cursando actualmente los mexicanos. La UNAM menciona que solo el 19 % de sus alumnos está estudiando una ingeniería, aunado a esto, el porcentaje de ingenieros egresados en México es aún más bajo, aunque esto está cambiando.

Gráfica 5. Matrícula total por áreas de estudio

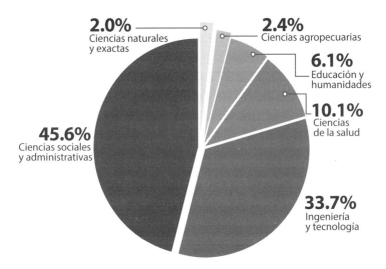

2.0%
Ciencias naturales
y exactas

2.4%
Ciencias agropecuarias

6.1%
Educación y
humanidades

10.1%
Ciencias
de la salud

45.6%
Ciencias sociales
y administrativas

33.7%
Ingeniería
y tecnología

Casi el 50 % de los estudiantes universitarios en México estudia lo mismo: Contabilidad, Arquitectura, Diseño, Ciencias de la Comunicación, Psicología, Comercio Internacional, Ciencias de la Educación, Mercadotecnia, etc. Si tienes vocación para estudiar alguna de estas carreras, me parece perfecto, pero si no es así, será mejor que busques otra opción, busca estudiar una ingeniería.

Cerca del 10 % estudia ciencias de la salud. Siempre dicen que hay muy pocos doctores para atender al total de la población y los doctores dicen que no encuentran trabajo; yo creo que hay suficientes doctores, pero que todos quieren establecerse en las grandes ciudades —«juntitos y apretaditos», ¿recuerdas?—, así que no encuentran trabajo tan fácilmente como si se movieran a ciudades medianas o pequeñas, en las que sería más fácil establecer sus consultorios.

El porcentaje de ingenieros es de alrededor de 30 %, por eso no conozco ingeniero desempleado. Necesitamos más ingenieros electrónicos, aeroespaciales, en extracción petrolífera, químicos, ambientales, todos los que son capaces de desarrollar nuevos productos.

El salario de un ingeniero es diez mil pesos más alto que el de un licenciado. Los que optaron por carreras como Ingeniería Aeroespacial o Ingeniería Química Petrolera tienen salarios de veinte mil pesos mensuales, pero solo el 30 % de los que ingresan a la universidad se deciden por una ingeniería, por la dificultad que estas representan, porque hay que estudiar, hay que entrarles a las matemáticas en general, al cálculo, al álgebra, a la trigonometría, a la geometría, y a todo aquello que nos da mucha flojera, por eso es «mejor» elegir Ciencias de la Comunicación.

Países en desarrollo, como la India, se han dado cuenta de la importancia de tener ingenieros, gente que trabaje en la creación de nuevos productos. Necesitamos gente que sepa cómo hacer las cosas —y solo un 30 % estudia una ingeniería—, que desarrolle productos, los administre y los comercialice para que lleguen al consumidor final —el 50 % de licenciados y personal administrativo—, aunque si ponemos a estos grupos en los platillos de una balanza, la veríamos desequilibrada. No tenemos creativos y nos sobran administradores, esta es la causa de la falta de trabajo y de los bajos sueldos de quienes optan por carreras de corte administrativo, porque en esta área laboral la oferta de trabajadores es muy superior a la demanda. Y de ciencias naturales y exactas y agropecuarias ya ni hablamos, ya que los que optan por estos estudios suponen alrededor del 4 % del total, aunque, en mi opinión, el futuro de México está en el campo.

Si no sabes qué estudiar y estás decidiéndote entre Merca y Comercio porque tienes la idea de que vas a viajar mucho, te sugiero que mejor estudies una ingeniería, te asegurará un mejor futuro, tendrás un mejor sueldo y más ofertas de trabajo que un diseñador, un comunicólogo o un licenciado en Comercio Internacional.

Una última cifra: solo el 47 % de los que comienzan una carrera se titula, un pretexto para pagarte menos. Y recuerda que una de las características de las personas exitosas es terminar las cosas que se comienzan, así que sacar tu título es terminar tu carrera.

Conclusiones

Para tener una mejor calidad de vida en México, un mejor sueldo, para no ser un mexicano promedio, simplemente se tiene que estudiar más que los demás, más que los que solo llegan a tercero de secundaria.

Si ya eres adulto y no tienes muchos estudios, busca terminar la secundaria o la preparatoria en alguno de los programas del Instituto Nacional para la Educación de los Adultos (INEA), en escuelas abiertas o nocturnas y después, aunque tengas cuarenta o cincuenta años, capacítate en otras áreas, estudia diplomados, cursos, talleres o un oficio para abonar a tu futuro; y nunca dejes de estudiar, recuerda que hoy es el primer día del resto de tu vida, nunca es tarde.

Si aún eres estudiante, ponte como meta la excelencia, no te conformes solamente con pasar con ochos y sietes, con tener los mismos extraordinarios que tus amigos, busca una preparatoria que se destaque más por su nivel educativo que por su ambiente, ponte como meta entrar a la mejor universidad —no tienes pretexto, busca una beca o un crédito para lograrlo—, estudia diplomados y maestrías y busca siempre estar en evolución constante.

Recuerda que solamente el 40 % del país gana más de once mil pesos, y que ese porcentaje, justamente, es el que más estudios tiene. La fórmula es fácil, mientras más estudios de calidad tengas —es decir, no en escuelas patito o donde no te enseñan nada—, te aseguro que más dinero vas a ganar. Y si no sabes qué estudiar, estudia una ingeniería, parte del problema del desempleo profesional se debe a que la mayoría de los mexicanos estudiamos lo mismo.

Leer para crecer

«Un libro, como un viaje, se comienza con inquietud y se termina con melancolía».

José Vasconcelos

Siempre que termino de leer un buen libro siento que robé a alguien, que en 400 páginas y por unos cuantos pesos aprendí, analicé y razoné lo que al autor le llevó años de investigación y trabajo.

El promedio de libros leídos en México es de 2.9 al año por habitante, una cifra muy baja de la que, además, no nos podemos fiar por ser fácil de manipular por los encuestados.

Mi maestro de Investigación de Mercados, José Habvi, decía que las preguntas de ciertos cuestionarios tienen que ser muy bien planteadas, ya que en algunos muestreos las respuestas pueden poner en evidencia a los encuestados. Este es uno de los casos en los que las personas saben que, de acuerdo con su respuesta, pueden ser percibidos como cultos o como ignorantes, por lo que no debe sorprendernos si la mayoría contesta que lee más de lo que realmente lee.

Una serie de preguntas bien formuladas podría ser: ¿conoce a personas que leen?, ¿cuántos libros leen al año esos conocidos? Si no leen, ¿por qué cree usted que no lo hacen?

Son preguntas que, al no ser directas, permiten que el encuestado responda con mayor sinceridad. De igual manera, si se le pide que nombre los últimos libros que ha leído, siempre puede hacer referencia a los de años atrás. Cuantos menos libros lea el encuestado más ignorante se verá frente al entrevistador, por lo que en sus respuestas también incluirá lecturas de periódicos y revistas de todo tipo (*El libro vaquero*, la Sección Amarilla, las revistas del Vítor y la del conejito), además de libros de texto gratuitos. Todos estos sirven para aumentar el número de libros leídos al año.

La realidad es que el encuestado puede mentir y decir que ha leído libros que tal vez leyó muchos años atrás, pero que nadie puede comprobar, con tal de no verse mal.

¿Leemos en México?

La realidad es que, quitando revistas, periódicos y la Sección Amarilla, el promedio de lectura en México es de medio libro al año, una cifra mucho más baja que el 2.9 que nos muestran las cifras oficiales, tal como muestra la siguiente gráfica.

Gráfica 6. Tipo de lectura de los mexicanos (% de la población)

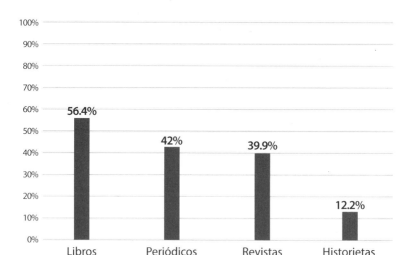

Esto contrasta tristemente con que México, y en concreto la ciudad de Guadalajara, mi ciudad, es la sede de la Feria Internacional del Libro (FIL), la feria del libro más grande e importante de habla hispana y la segunda más relevante a escala mundial después de la de Frankfurt. La FIL se celebra a finales de noviembre y principios de diciembre desde 1987, y tiene más de medio millón de visitantes, un privilegio enorme para un país que no tiene el hábito de leer. Yo le llamo «la feria de la culpa», ya que todo Guadalajara acude al recinto, asiste a los conciertos, visita el *stand* del país invitado y compra libros, con aires intelectuales, pero que un año después de salir de la FIL, siguen sin ser leídos. Tristemente, Jalisco no es el estado con más libros leídos por habitante, a pesar de ser la sede de un evento literario tan importante.

A mí personalmente me encanta y aplaudo el trabajo que se hace con los estudiantes de primaria y secundaria, a los que se recibe en exclusiva por las mañanas, con el recinto cerrado al público general. Entonces pueden verse camiones llenos de estudiantes, procedentes no solo de Guadalajara, sino también de otras ciudades cercanas. Espero que esta labor dé sus frutos y que, cuando salgan de la escuela, sigan viniendo por iniciativa propia y compren libros que luego sí lean.

La FIL es una de las ferias a las que me gusta asistir. Cada año es más grande. La siguen gran cantidad de medios de comunicación, y las estaciones de radio y televisión que tienen allí sus *stands* transmiten en directo y entrevistan a organizadores y editores, así como a los propios autores que presentan sus libros. Si no eres de Guadalajara, te invito a que vengas, no te arrepentirás.

Si fueras a poner un negocio, ¿pondrías una librería? En México las librerías no son negocios rentables. Mis alumnos que provenían de ciudades pequeñas cercanas a Guadalajara, como Tepatitlán, Ocotlán, San Juan de los Lagos, Autlán, Ayutla o San Miguel, me decían que en sus ciudades no había librerías o que no sabían si las había. Las papelerías se encargaban de surtirles los libros que necesitaban para el comienzo de las clases. En los últimos 53 años, el número de librerías por millón de habitantes en México pasó de 45 a 18. En promedio, el 87 % de los mexicanos tiene de uno a treinta libros en su casa.

Las librerías no son negocio en México. En mi ciudad sí contamos con las librerías Gonvill y Gandhi y algunas otras con un toque más intelectual, como El Sótano, pero a pesar de que tenemos más de cuatro millones de habitantes y más de diez universidades en la ciudad, la realidad es que no leemos.

El 18 % de los universitarios jamás ha pisado una librería, un dato que hay que relacionar con el capítulo anterior, cuando decíamos que los estudios no son de calidad y esto se ve reflejado en nuestra escasa cultura general. Y si a este dato le agregamos que el promedio de lectura por rango de edad más elevado es el de 18 a 22 años, las edades de la mayoría de los universitarios, imagina lo pobre que es el promedio de lectura en los demás segmentos de la población.

El 50 % de los universitarios jamás ha comprado un libro. Sé que muchas universidades no exigen a los alumnos comprar libros, que muchos estudiantes no tienen recursos y utilizan las bibliotecas para trabajar en sus lecturas, pero no comprar un libro es señal de no querer ser más, de no querer ver más allá del capítulo que te dejaron de tarea y del que sacaste copias porque te lo pidió un profesor.

El promedio de lectura de los graduados universitarios en México es de cinco libros al año, que para ser el de la élite escolar de este país es muy bajo, pues ni siquiera llegamos al promedio de lectura de un país desarrollado. Si consideramos el nivel económico, comprobaremos que el promedio de lectura de las clases A y B en México es de siete libros al año. El 12.7 % de los mexicanos declaró no haber leído nunca un libro.

Según la OCDE, México ocupa el lugar 107 de 108 países en hábitos de lectura. ¿Cómo cambiar esto? ¿Cuáles son las consecuencias de no leer?

El problema está en la propia estructura educativa y volvemos a los maestros. Los maestros en México —la mayoría— no están preparados para enseñar y posiblemente tampoco tienen el hábito de la lectura. Esta costumbre, en mi opinión, se puede fomentar tal como la de ver cine, desde la infancia. De niño, mis padres no comenzaron por ponerme grandes obras de cinematografía, cine de arte o de culto, sino películas fáciles, de caricaturas, con diálogos simples. Y posteriormente, a medida que fui creciendo, me fueron gustando otras con temáticas más complicadas y se fueron definiendo mis preferencias. Cuando llegué a adulto ya tenía un criterio formado (me gustan las películas que me hacen reír, para asuntos serios ya tengo los libros).

Con la lectura debe ser igual. En casa, mis papás nos compraron a mi hermana y a mí una colección de cuentos de Disney, y desde mucho antes de aprender a leer, mi mamá me leyó cada uno de ellos una y otra vez; aún recuerdo cuentos como *El traje nuevo del emperador*, *El sastrecillo valiente* y mi preferido, *La bella durmiente*. Mi madre me leyó tantas veces este último que me lo llegué a aprender de memoria y cuando tenía solamente tres años, mis papás sorprendían a las visitas diciéndoles que yo ya sabía leer; conocía tan bien el cuento que sabía dónde cambiar de página como si en realidad leyera. Cuando aprendí a leer los «releí» nuevamente.

Lamentablemente, durante la primaria no recuerdo que me pusieran la tarea de leer un libro. Pero en mi casa había libros, y los libros son como la comida, cuando uno tiene comida enfrente, automáticamente come, cuando tenemos libros por todos lados, tarde o temprano, los leemos, y no es que mi casa fuera una biblioteca, pero había más libros que en otras casas, así que una vez dejada atrás la etapa de Disney, Mafalda se convirtió en mi lectura favorita. Este mismo proceso de lectura gradual lo estoy viendo ahora con mis hijos. El Instituto de Ciencias, donde estudian, tiene un excelente programa de lectura. Comienzan por lo más sencillo, desde el jardín de niños, con cuentos de dos o tres renglones de escritura por página y muchas imágenes, y conforme van creciendo va aumentando el volumen de texto. Cuando mis hijos mayores tenían doce y diez años, respectivamente, sentían fascinación por la serie de siete libros *El diario de Greg*, que devoraban con pasión. Son lecturas para niños, no por no leer *El Quijote* o *Los miserables* están perdiendo el tiempo, están leyendo y eso crea un hábito, más adelante tal vez lean las grandes obras de la literatura, pero ahora están desarrollando un gusto por ella (por cierto, leyeron esos libros y muchos otros, pero en su versión para niños, la versión adecuada para su edad).

Leer se contagia

Cuando el menor de mis hijos tenía menos de dos años ya tenía sus libros, libros para bebés, claro, pero cuando veía que yo o sus hermanos leíamos, él nos quería imitar, así que tomaba sus libros y se sentaba a nuestro lado, imitándonos, algunas veces también le pedía a su mamá o a mí que se los leyéramos. Nuestros hijos siguen nuestro ejemplo; si tú quieres que tus hijos lean, primero adquiere ese hábito.

Cuando llegué a la secundaria empezaron los libros obligatorios, como *Pedro Páramo*, *La Ilíada* y *La Odisea*. Si no se tiene un hábito de lectura ya arraigado, son libros muy complicados y poco entretenidos. Me perdí en ellos como se pierden miles de adolescentes en México. Los libros complejos en ciertos niveles escolares pueden crear rechazo por la lectura en los estudiantes que no entienden lo que leen.

Me gustaría que se hiciera una encuesta de lectura entre los maestros de primaria, secundaria y preparatoria. Como mencioné anteriormente, creo que no leen y si lo hacen, no son más de tres libros al año. Una encuesta así tal vez sirva para conocer sus carencias en algunas materias y, de esta forma, capacitarlos mejor. Pero la verdad es que en México los maestros pueden serlo sin leer y si el maestro no lee, menos aún lo harán los alumnos. No dudo que *El Quijote*, *Cien años de soledad*, *Los tres mosqueteros* y *Los miserables* sean grandes obras, pero para comprender y disfrutar estos libros hay que leer otros antes.

En algunos foros me preguntan sobre mis lecturas después de Mafalda, ya en la adolescencia. Los libros de Carlos Cuauhtémoc Sánchez fueron mis preferidos —curiosamente son los libros más leídos en México después de la Biblia—, tratan temas sencillos que parecen no valer la pena para los intelectuales, pero los considero interesantes. Creo que cualquier libro es útil si vale para fomentar el hábito de la lectura y para llegar a otras lecturas mejores.

Nuestra calidad de vida y la lectura

Las personas con niveles de educación más bajos (solo con primaria y secundaria terminadas), saben leer, pero tienen un nivel de comprensión mínimo, por lo que son incapaces de entender un instructivo, una receta médica (tienen que leerla varias veces) o seguir un manual de armado o de instalación. En el trabajo tratan de evitar cualquier documento escrito, el no entender lo leído los induce a cometer errores; sin embargo, por el contrario, las empresas evitan las instrucciones verbales, ya que se prestan a malas interpretaciones y no quedaría nada por escrito para deslindar responsabilidades si se cometiera un error de importancia.

Las personas con más educación, pero que no leen, también tienen carencias, porque su falta de cultura general les impedirá acceder a puestos directivos. La siguiente gráfica relaciona el grado de lectura y el salario mínimo.

Gráfica 7. Salario mínimo (en dólares) y promedio de lectura anual

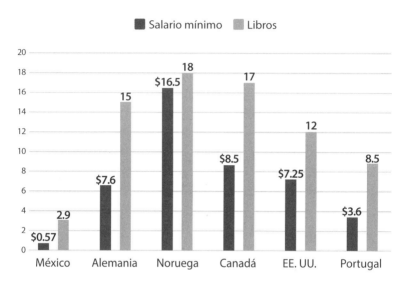

Como verás, nuestro promedio oficial de lectura es de 2.9 libros al año (el real es de medio libro) y ganamos la suma aproximada de cincuenta centavos de dólar por hora.

Si observamos los datos de Noruega, vemos que es un país con un promedio de 18 libros leídos al año y con un salario mínimo de 16 dólares por hora; deduciremos que nos estamos equivocando de país cuando decidimos emigrar, porque en Estados Unidos pagan 7.25 dólares la hora por lavar platos, barrer y trapear, la mitad de lo que nos pagarían por el mismo trabajo en Noruega. Aquí he de aclarar que el sistema de impuestos de Noruega y otros países escandinavos supone pagar la mitad del salario, pero a cambio disponen de los mejores servicios del mundo y son de los países con mayor calidad de vida.

Sin necesidad de analizar país por país, hay que decir que los que más leen son también los que tienen mejor calidad de vida e ingresos más altos; por el contrario, en los que menos se lee, las economías son más débiles y los ciudadanos viven peor.

Puedes pensar que hay países que leen más que nosotros y no tienen una economía tan sólida (como Portugal) y cuentan con un salario cercano a los cuatro dólares por hora, o que los gringos son tontos y pachangueros (así los llamamos), pero cuando conozcas a alguno, fíjate que siempre llevan un libro consigo (así estén de fiesta, tomando el sol o viajando en un avión o en el metro), a diferencia de nosotros, que lo que nunca nos falta es una cubeta de cervezas o un celular para chatear y jugar en cualquier momento. Si trasladaras los datos de la gráfica 7 a tu realidad en particular, ¿qué conclusiones podrías sacar? Los educadores y los sociólogos han demostrado que, a mayor nivel de ingresos familiar, mayor nivel de capital cultural y, con frecuencia, mayor nivel de escolaridad.

Al final todo se ve reflejado en tu calidad de vida. Tuve la oportunidad de ver la película *¡De panzazo!* que, desde mi particular punto de vista, muestra solo una pequeña parte del enorme problema que tenemos en educación, pero hubo un dato en el documental que me llamó mucho la atención: el de los salarios relacionados con el nivel escolar. Las personas que tenían posgrados (aproximadamente el 1 % en este país), tienen ingresos promedio de más de cincuenta mil pesos mensuales.

En mis pláticas y conferencias, o en mi salón de clases, cuando demuestro el bajo nivel cultural existente, la pregunta que surge es: ¿cómo recuperar todo lo que no se aprendió en años anteriores? La respuesta es simple: leyendo.

La televisión es un reflejo de la sociedad

Una de las razones por las que no leemos es la televisión, y no me malinterpretes, no digo que dejes de ver televisión, pero gran parte de los mexicanos pasamos la mayor parte de nuestro tiempo libre sentados frente al televisor viendo programas con poco contenido y que no aportan nada.

¿A qué me refiero? Hace más de dos décadas le cuestionaron a Emilio Azcárraga Milmo la calidad de la programación de sus canales televisivos y esto fue lo que respondió: «México es un país de una clase modesta muy jodida, que no va a salir de jodida. Para la televisión es una obligación llevar diversión a esa gente y sacarla de su triste realidad y de su futuro difícil».

Emilio era un genio que supo darle a la sociedad mexicana exactamente lo que esta necesitaba ver. No es que él nos idiotice, sino que Televisa es un negocio y, como tal, busca tener la mayor rentabilidad posible. Televisa y su departamento de mercadotecnia crean contenido para su público potencial, para las mayorías, acorde con sus estudios de mercado. Analizan qué es lo que el público desea ver y crean programas adecuados para dichos resultados; si el programa es exitoso, logrará el patrocinio de varias empresas, lo que generará utilidades para Televisa.

Si nuestro nivel cultural fuera otro, la programación de Televisa sería diferente seguramente, o perdería mercado, a fin de cuentas, Televisa es un negocio y, como tal, solo intenta complacer al cliente para poder obtener beneficios. Televisa concentra más del 50 % de la audiencia televisiva. En México la población invierte diariamente 2 horas y 5 minutos en ver televisión, de manera que destina 1 hora y 28 minutos a ver los canales de Televisa. Las horas diarias de televisión suben casi una hora y media en la población infantil, llegando hasta 4 horas y 23 minutos.

Programas como *Laura en América*, *María de Todos los Ángeles* y *100 mexicanos dijieron* son estelares (el «dijieron» es intencional porque la gente que lo ve habla así) y muestran personajes construidos a imagen y semejanza de millones de mexicanos (como el Vítor, María de Todos los Ángeles, Albertano, el Chino y doña Lucha).

Telenovelas como *El premio mayor*, *Una familia con suerte* y *Los Sánchez* muestran los ideales de muchos mexicanos, quienes quisieran convertirse de la noche a la mañana en millonarios y dirigir empresas exitosamente, aunque en la realidad ninguno de ellos sería capaz de dirigir una sin recibir antes capacitación y educación, pero eso no te lo van a enseñar en las telenovelas.

Hace algunos años, Huicho Domínguez fue el referente para millones de mexicanos que soñaban con sacarse el premio mayor.

Cuando Ninel Conde fue tachada de ignorante —porque realmente es una persona poco preparada—, yo esperaba que se defendiera reconociendo que solo se había preocupado por vivir de su imagen y que su espectáculo se basaba en la exhibición de su cuerpo, esperaba que dijera que se había dado cuenta de la importancia de cuidar no solo la imagen física sino también la preparación intelectual y cultural. Me hubiera gustado que, a raíz de los ataques personales que sufrió, hubiera cambiado de actitud para volver a estudiar, que hubiera servido de modelo a imitar por las miles de mujeres que la siguen y la admiran, y que, por ejemplo, comenzara a recomendar libros a través de Twitter o Facebook. Pero no sucedió así, sino todo lo contrario. Se burló de sí misma y esperó a que se olvidaran los hechos y saliera un nuevo patiño. Años después sigue explotando su inocencia y su ignorancia.

¿A cuántas niñas y mujeres, como Ninel, les estamos enseñando que solo pueden ofrecer una bonita imagen?

Los Simpson

Las primeras veces que presenté mi plática «Cómo ser un mexicano exitoso», me decían que tenía razón, pero que los gringos eran igual de brutos o incultos que nosotros, que ahí tenía de ejemplo a *Los Simpson*, que son un reflejo en la televisión del gringo promedio. Y he de confesarte que me gusta mucho ese programa, Springfield es la ciudad cuyo nombre se repite más en Estados Unidos, por eso lo escogieron, y Homero y su familia son un reflejo estudiado y medido del ciudadano promedio estadounidense.

Para que *Los Simpson* tengan éxito deben ser el reflejo de la mayoría de los estadounidenses. Así que analicemos:

- ¿Cuántos autos tienen los Simpson? Tienen dos autos.
- ¿Cuántos pisos tiene la casa de los Simpson? Tiene dos pisos.
- ¿Cuántas recámaras tiene la casa de los Simpson? Tiene cuatro recámaras, la bebé duerme sola.
- ¿Qué estudios tiene Homero Simpson? Terminó la preparatoria y es técnico en energía nuclear.
- ¿Qué estudios tiene Marge Simpson? Terminó la preparatoria y comenzó a estudiar Historia del Arte, pero abandonó al quedar embarazada.
- ¿Qué expectativas de vida tiene Lisa Simpson? Quiere ir a la universidad, graduarse, ser presidenta, investigadora, doctora, trascender, hacer algo en la vida.
- ¿Qué tipo de alumnos hay en la Escuela Primaria de Springfield? Hay abusadores, abusados y graciosos, pero también hay un grupo de ñoños —como ellos los llaman—, personas que se preocupan por su educación, por su futuro, por su aprovechamiento escolar, que leen y hacen experimentos, es una minoría, pero la hay.
- A Homero no le gusta trabajar y a Bart no le gusta ir a la escuela, pero siempre asisten. Homero en la serie hace alarde de su gusto por la cerveza y uno de sus lugares preferidos es la taberna de Moe, sin embargo, siempre se reúne con sus amigos después del trabajo.

¿Los personajes de *Los Simpson* reflejan a los ciudadanos estadounidenses promedio? Sí.

Los estudios que tienen Homero y Marge son los propios de un país desarrollado, sus salarios y calidad de vida también. Las expectativas de sus hijos son diferentes, pero tienen en común cierto espíritu de superación y en el caso de Lisa, la ambición de sobresalir.

Así como *Los Simpson* son el reflejo de un gringo típico, ¿quién crees que sería el «digno» representante de un mexicano?

El Chavo del 8

El reflejo de los mexicanos en la televisión sería el Chavo del 8, y no quiero criticar al personaje más querido de México porque, para mí, Roberto Gómez Bolaños es un genio. Chespirito entendió lo que necesitaban ver los mexicanos en la televisión, entendió que cada personaje tenía que identificarse con un sector de la sociedad y como resultado de ese punto de vista tenemos el famoso programa del Chavo. Pero analicemos el problema al que yo denomino «el mal del Chavo del 8».

¿Quién es don Ramón? Es un adulto que no estudió, que no terminó la primaria, que sabe muchos oficios, pero que, sin embargo, no los ejecuta bien, es malhecho, desidioso y, sobre todo, flojo; es una de esas personas que trabaja lo mínimo para subsistir y está lleno de deudas (la gracia del personaje es que el señor Barriga siempre lo persigue para cobrar la renta, y parte del espectáculo consiste en ver cómo se esconde y huye de su acreedor).

Don Ramón se burla de la autoridad y de las mujeres, pero no lo hace frente a ellas, lo hace cuando se dan la vuelta y no lo ven.

Si existiera un don Ramón real y abrieran la toma del programa en su casa, tendría varios envases de cerveza caguama a un lado de su sillón y fumaría. En el programa, además, don Ramón muestra siempre cierto grado de agresividad al golpear a los niños. ¿Por qué don Ramón no está casado?, ¿por qué no tiene pareja?, ¿por qué no tiene trabajo? ¿Porque es incapaz de asumir compromisos?

En cuanto a doña Florinda, ¿es viuda, madre soltera, divorciada...? Jamás se ha aclarado el asunto, vive en la misma vecindad que don Ramón, pero siente que no pertenece a esa clase y muestra cierto grado de rechazo hacia sus vecinos, cierto grado de discriminación por sentirse de otra clase social, por sentirse superior, parece una mujer que vive entre los demás personajes muy a su pesar y se encarga de marcar distancias para que noten que no es igual.

El señor Barriga es el hombre del barrio que salió adelante y progresó, pero que tiene los pies en el suelo y no olvida sus raíces. Eso les encanta a los mexicanos, la actitud del que es rico, pero que sigue siendo humilde, del que hizo dinero, pero que no se cree mucho, de ese «que no olvida a la raza».

La escuelita del Chavo es todo, menos un modelo de escuela. Aquí no existen los niños genios como en la de los Simpson, sino que todos los alumnos son igual de brutos y no quieren aprender, y su gracia en el programa consiste en decir incoherencias y hacer gala de su ignorancia.

No hay ningún alumno de esta escuela que estudie y haga su tarea, que tenga aspiraciones y metas en la vida, que desee un futuro profesional. ¿Crees que alguno de los personajes llegó a terminar la secundaria? Yo me imagino al Chavo, a Quico y a Ñoño fumando en la puerta de la secundaria, saltándose las clases, yéndose de pinta para tomarse unas *chelas* y en un futuro llegar a convertirse en don Ramones.

El Chavo es un personaje tan ignorante que causa ternura, al que se le puede justificar y perdonar todo nada más por ser —como los demás personajes dicen— ¡tan bruto!

Hace ya más de tres décadas que Chespirito encontró un personaje que se parecía a los mexicanos. Varias generaciones han crecido con ese modelo, y ahora, ya jubilado el Chavo, han tenido que crear su réplica digital para que el público actual pueda seguir disfrutando del personaje.

¿Qué enseñanzas nos dejó el Chavo?

- La ignorancia enternece; por ser bruto todo se puede perdonar.
- La escuela es para ir a decir tonterías.
- Hay que burlarse de la autoridad a sus espaldas.

Lo más curioso es que cuando se le hizo un merecido homenaje a Roberto Gómez Bolaños, Chespirito, hubo gente que manifestó que su personaje los había inspirado, que el Chavo les dio ilusiones, que les dio esperanzas. Y yo pregunto ¿esperanzas de qué? Si el Chavo jamás hizo nada ni llegó a ningún lado. Y este fenómeno se repite desde México hasta Argentina.

Cantinflas frente a Chespirito

El personaje de Cantinflas nació como el típico lépero mexicano de barrio, en su primer éxito, *Ahí está el detalle*, representaba a un vago vividor, pero con el tiempo los personajes que representaba comenzaron a tener algún oficio y estudios profesionales, Mario Moreno se dio cuenta del ejemplo y la influencia que tenían en los mexicanos. En películas como *El ministro y yo*, *El señor doctor*, *El patrullero 777* o *El barrendero*, su personaje apuesta por crecer y tiene cierto espíritu de superación. El ejemplo más claro de lo antes mencionado lo tenemos en la película *El analfabeto*, en la que Cantinflas no sabe leer y la trama de la película trata de que el personaje se pone de meta aprender a leer y no solo eso, sino que también enseña a leer a su palomilla. En algunas películas Cantinflas llegó incluso a denunciar la corrupción en ciertas dependencias oficiales cuando el país estaba controlado totalmente por el PRI y no se podía criticar al Gobierno.

¿Hasta dónde llegó Cantinflas? Hasta Hollywood, con películas como *Pepe* y *La vuelta al mundo en 80 días*, esta última ga-

CÓMO SER UN MEXICANO EXITOSO

nadora de cinco premios Óscar (entre ellos el de la categoría de mejor película). Por su parte, ¿qué ganó *El Chanfle*?

De niño me gustaba la caricatura de *Cantinflas Show* (el programa del Chavo lo tenía vetado por mi mamá). Esta caricatura era totalmente didáctica, el protagonista visitaba países y conocía personajes famosos de otras épocas, se hablaba de arte, arquitectura, ciencia y muchos otros temas con un enfoque apropiado para niños. Sin embargo, a pesar de que el Chavo nos enseñaba que era bueno ser ignorante, tuvo más éxito.

Lamentablemente, *Cantinflas Show* no se ha remasterizado ni tiene nuevos capítulos. En la televisión solo se programa lo que se vende y el Chavo se sigue viendo en varios canales y horarios.

Recordemos que en México ha habido fuertes disputas en el ámbito magisterial, cuyos protagonistas son algunos maestros que no quieren ni ser evaluados ni que se evalúe a sus alumnos, porque posiblemente encontraríamos la escuelita del Chavo dentro de sus aulas.

Superhéroes

Otros de los personajes que representan modelos a seguir para la población de un país o de una sociedad son los superhéroes. Superman, Batman, la Mujer Maravilla, Thor, el Capitán América, Hulk, Los 4 Fantásticos, Iron Man y otros, son ejemplo de fortaleza, honradez, disciplina, justicia y, en algunos casos, de personas estudiosas y preparadas.

En México lo más parecido que hemos tenido a los superhéroes han sido los luchadores. El Santo, Blue Demon, Rayo de Jalisco, Mil Máscaras o Tinieblas; eran fuertes, disciplinados, tenían conocimientos, en las películas mostraban educación y preparación, eran hombres cultos y sofisticados; en ese entonces la lucha libre mexicana era admirada en México y en otros países, por lo que las películas de luchadores eran vistas también en otras partes del mundo. Lamentablemente eso ha cambiado y ahora mis hijos y otros millones de niños no saben qué es la lucha libre mexicana y ven la estadounidense. Ahora sus ídolos no son mexicanos y la lucha libre es un circo donde los luchadores bailan y representan una simulación teatral.

Pero de todos los héroes, hay uno que es nuestro preferido, alguien que todo mexicano reconoce: el Chapulín Colorado. El Chapulín es un superhéroe a la mexicana, sin músculos ni presencia ni conocimientos, que sale airoso de sus aventuras, pero que no resuelve los problemas valiéndose de su habilidad y preparación, sino por azar.

Sigo insistiendo, Chespirito es un genio que fue capaz de crear personajes que se han convertido en nuestros modelos a seguir. Y así, tenemos a los Caquitos, dos ladrones de barrio que nunca tenían éxito, al Doctor Chapatín, un médico viejo no muy capaz, y otros más, siempre mediocres, sin espíritu de superación ni futuro.

Don Gato

El personaje de Don Gato, perteneciente a la caricatura *Don Gato y su pandilla*, es otro estereotipo, reflejo de nuestra falta de preparación, que también es querido por los mexicanos.

La serie de dibujos animados *Don Gato y su pandilla* apareció en la televisión norteamericana en 1961, pero solo se hicieron treinta capítulos. ¿Qué caracterizaba a Don Gato? No le gustaba trabajar —de hecho, no trabajaba—, tenía a su pandilla de gatos —que también vagueaban todo el día— y todos se reunían en un callejón donde planeaban cómo hacerse ricos de la noche a la mañana, o cómo sacar dinero para ese día con apuestas, caballos, rifas o algún tipo de treta, siempre mediante trucos para salir adelante burlando a la autoridad, que en este caso era Matute, el oficial de policía que andaba detrás de ellos.

¿En Estados Unidos existen personas así? Por supuesto, se inspiraron en los italoamericanos del Bronx de Nueva York. Pero no son la mayoría, y aunque algunas personas se puedan sentir identificadas con Don Gato, este personaje no es el ideal de lo que los estadounidenses aspiran ser. Tal vez algunos sean así, pero desean ser diferentes y se fijan en otros modelos a seguir: no les gusta verse reflejados en este tipo de individuos.

Sin embargo, en México fue todo un éxito y los treinta capítulos se repiten una y otra vez, y siguen enamorando también a las nuevas generaciones. Los defensores de Don Gato dicen que su popularidad se debe a un excelente doblaje, y este argumento me da la razón: el doblaje significó la tropicalización del producto y su adaptación a las costumbres del país; si de por sí Don Gato ya tenía elementos para triunfar en México, el doblaje terminó de perfeccionarlos. ¿A cuántos mexicanos no les gustaría hacerse millonarios de la noche a la mañana sin trabajar, estar todo el día con su pandilla y tener la habilidad de burlar a la autoridad con su ingenio? Don Gato debió ser mexicano.

Las consecuencias de no leer

Hace algunos años platicaba en la sobremesa con una tía mía (una profesionista con gusto por la lectura), y me decía que posiblemente fuera mejor vivir en la ignorancia; que las personas poco preparadas no se preocupan por asuntos como la política, la economía, la inseguridad, las guerras, las crisis mundiales o el calentamiento global, cuestiones que pasan desapercibidas para millones de mexicanos. Le contesté que tal vez todas esas personas no se preocupan por asuntos de esa índole pero que, sin embargo, sí lo hacen por otros, como el chupacabras.

Actualmente el chupacabras es poco más que una anécdota, pero hace algunos años era la noticia estelar en todos los noticiarios del país. Los mexicanos vivíamos pendientes del siguiente ataque de ese ser fantástico y los reporteros acudían a cubrir la noticia cada vez que atacaba o alguien presumía haberlo visto.

En Rioverde, durante mi niñez, no atacó el chupacabras, sino que lo hicieron los narcosatánicos que, como su propio nombre indica, eran narcotraficantes que practicaban ritos satánicos donde sacrificaban a niños (en ese entonces, algunos artistas como Lucía Méndez y Yuri, fueron acusados injustamente de pertenecer a su movimiento).

Rioverde tenía 15 mil habitantes y un solo colegio privado. Los narcosatánicos llegaron a nuestro pueblo escondido y raptaron a uno de los niños. Cundió el pánico, las mamás de los de primero de primaria decían que el desaparecido era uno de cuarto y las de cuarto que uno de sexto, y así sucesivamente, pero el caso es que nadie sabía exactamente a quién se habían llevado. Y es que jamás se llevaron a nadie, era solo un chisme del pueblo.

Recuerdo haber salido de casa con mi bicicleta y ver la calle desierta y los comercios cerrados. No había ni una sola alma por la calle ya que todos los habitantes de Rioverde permanecían en sus casas o en sus trabajos, resguardados de los narcosatánicos.

Años después, un rumor similar vaciaría los antros y bares de Guadalajara. En las escuelas y universidades se hablaba de que en los locales de moda, un grupo de *gays* que tenía sida contagiaba a los asistentes picándolos con agujas infectadas. El chisme se expandió rápidamente y durante algunos fines de semana la gente prefirió no salir. Mucho después me contaron (exalumnos del Tec de Monterrey campus Guadalajara) que había sido un experimento escolar para saber la rapidez con la que se puede esparcir un rumor y qué impacto tiene en la sociedad.

Leer está al alcance de todos. Las consecuencias de no leer y de carecer de cultura las tienes a la vista. Personas tan ignorantes como Juanito ganan elecciones, nos representan y nos dirigen. ¡Y después nos quejamos del pobre rendimiento de nuestros gobiernos!

Y la lista se hace grande: Cuauhtémoc Blanco, Carmen Salinas, Daniel Osorno, Lagrimita, Pato Zambrano, etc., actores y futbolistas sin mayor preparación, que ahora contienden por puestos públicos.

La maestra Gordillo, que representó al sindicato de maestros durante varias décadas, hoy está en la cárcel por no saber negociar con Enrique Peña Nieto. La maestra apoyó a políticos de todos los partidos e incluso hizo el suyo propio, el turquesa (no veo mal que un gremio laboral tenga un sindicato, pero se han encargado más de política que de educación).

Los maestros no quieren ni ser evaluados ni que se evalúe a sus alumnos porque no han hecho bien su trabajo y no quieren ponerse en evidencia. La única manera que tienes de recuperar el tiempo perdido por una mala educación es leyendo, y si eres de los buenos maestros y quieres mejorar y progresar personalmente, lee también.

Pongo el ejemplo de la maestra Gordillo porque como líder de los maestros debería ser un ejemplo de persona con un buen nivel cultural, pero todo el mundo conoce aquel video donde es incapaz de leer correctamente su discurso. Si esta era la representante de los maestros, ¡cómo serán los demás!

Conclusiones

En México se puede escribir y publicar sobre cualquier tema, puedes criticar a quien quieras, al Gobierno, a la Iglesia, puedes estar a favor o en contra de cualquier asunto y no hay problema, ni a nadie le preocupa, ¿por qué? Porque en México nadie lee.

- La única manera de recuperar el tiempo perdido y llegar a saber lo que no aprendiste en la escuela es leyendo.
- Desconozco si tuviste buenos o malos maestros, si aprovechaste tu tiempo en la escuela, pero leer siempre va a incre-

mentar tu cultura general. Lee sobre cualquier tema. Todos los libros son buenos porque todo libro te aporta algo.

- En los países con mayor nivel de ingresos, la mayoría de sus habitantes lee un promedio superior a doce libros al año.
- Jesús decía que la verdad nos hará libres. Los poderosos se han aprovechado durante años de la ignorancia y la superstición, de que no aprendieras a leer, de que no fueras a la escuela, creyeras en el chupacabras y votaras por Juanito. Ahora que sabes leer, ¡aprovéchalo!
- El 70 % de los maestros no acredita su examen docente, pero el sindicato se encarga de que dé clases sin importar su preparación.
- Lee en voz alta, lee en tu cuarto tú solo, lee una página y si puedes leer de corrido sin trabarte ¡felicidades! Si no es así, comienza a leer urgentemente, porque tan mal como leíste, así de mal comprendiste la lectura.
- Los mexicanos vemos las escuelas como guarderías nacionales. Por eso cuando en 2012 los candidatos propusieron más horas de clase, no fue para formar mejores estudiantes, sino para que nos entretuvieran a los niños durante más tiempo.

*El mayor problema de los mexicanos
es que ignoran que carecen de una cultura básica.*

- ¿Quieres ser mejor profesionista? Lee.
- ¿Quieres aprender algo nuevo? Lee.
- ¿Quieres ser mejor persona? Lee.
- ¿Quieres ser mejor alumno? Lee.
- ¿Quieres una beca? Lee.
- ¿Quieres un mejor empleo? Lee.

*Para cualquier mejora en tu vida, **lee**.*

Visión, responsabilidad y valores

«Quiero morir siendo esclavo de los principios, no de los hombres».

Emiliano Zapata

«¿A qué le tiras cuando sueñas, mexicano?», es una pregunta muy recurrente y conocida en nuestro país. Su objetivo no es invitarnos a soñar, sino decirnos «¿para qué sueñas si corres el riesgo de decepcionarte?».

Aunque nos enseñan que es mejor no aspirar a mucho para no decepcionarnos, si no logramos nuestros objetivos en realidad sucede lo contrario. Otra frase muy mexicana es: «No esperes nada de la vida, así, cuando te dé algo lo vas a disfrutar mucho más porque no lo esperabas y te sorprendió».

Visión

Estudios en Programación Neurolingüística (PNL) nos dicen que hay personas que realizan cerca del 80 % de lo que sueñan, de lo que imaginan, de lo que desean. Son grandes soñadores, visualizan sus ideas, se ven en ellas, ven el futuro en sus imágenes mentales, y cuando despiertan ponen todo en marcha para lograr sus sueños y así cumplen la mayoría de los objetivos que se proponen.

El resto de las personas también sueñan y les gustaría que esos sueños se hicieran realidad, pero cuando despiertan vuelven a pensar que lo soñado es irreal y que no va a suceder, que simplemente no es posible, que está fuera de sus posibilidades y siguen con su vida como antes.

Los soñadores exitosos se sienten motivados con cada nuevo reto. Cada nueva visión es un aliciente para ponerse en marcha y dar todo de sí, para cumplir sus objetivos, por eso cumplen el 80 % de sus metas, mientras que el resto de las personas solo llega a alcanzar el 20 %. ¿Qué tipo de soñador quieres ser?

El método Disney

Una de las personas que más soñó y que utilizó este método para ser exitoso, fue Walter Elias Disney. Este hijo de un granjero inmigrante irlandés se crio en una granja de Missouri y después trabajó como repartidor de periódicos en Kansas City. Más tarde, trabajó como dibujante en una agencia de publicidad, haciendo anuncios para periódicos, revistas y cine. La primera empresa que fundó (junto con un amigo) fue una agencia de publicidad llamada Iwerks-Disney Commercial Artists, pero no tuvo mucho éxito y quebró, así que tuvieron que abandonar el proyecto y buscar un medio para vivir. Su segundo negocio fue un estudio de animación dedicado a realizar cortometrajes de cuentos de hadas, pero tampoco funcionó y acabó en bancarrota. Así que cuando Disney llegó a Los Ángeles, California, en 1923, solamente tenía cuarenta dólares en el bolsillo y aún le quedaban algunos desafíos, demandas y retos por enfrentar antes de convertirse en la persona que conoces.

Si escribo estas líneas es para contarte que Disney no tenía dinero, no tenía la ayuda de un padre o un tío millonario para edificar sus sueños (si tú tienes ayuda familiar, ¡aprovéchala!), sino que vivió la crisis del 29, el período de depresión económica más fuerte que ha pasado Estados Unidos y, paso a paso, construyó todo lo que ahora conoces.

Lejos de rendirse tras ver el fracaso de sus dos primeras empresas, lejos de abandonar porque las cosas no salían como las había planeado, quebrado y sin muchos dólares, siguió adelante y comenzó desde el principio cuantas veces fue necesario.

¿Cómo trabajaba Walt Disney? Su proceso creativo atravesaba tres episodios:

El soñador. Primero buscaba un lugar especial para soñar, un lugar donde lo único que hacía era crear, donde imaginaba su futuro de dibujante y se veía haciendo un cortometraje, un lugar donde no se ponía límites y podía fantasear con lo que quisiera, desde con un elefante volando hasta con un parque temático con todos los personajes que creaba su imaginación.

Cuando ya tenía un sueño, volvía a la realidad y usaba otro espacio para ser realista. La realidad podía ser dura, pero Disney no se decía «¿a qué le tiras cuando sueñas, Walt?», él no pensaba que tras el fracaso debía conformarse, que la crisis era una buena excusa para rendirse, que debía aceptar cualquier trabajo donde fuera y dar las gracias porque había muchos otros en una situación aún peor que la suya, sino que continuaba soñando.

El realista. Después, Walt trataba de buscar la parte de realidad que puede tener un sueño. Aunque, evidentemente, no pudiera contar con verdaderos elefantes voladores, tal vez sí podría plantearse el crear unas máquinas mecánicas con apariencia de paquidermo que se elevaran y generaran la ilusión de ser elefantes. El Disney realista trataba de organizarse para identificar lo que necesitaba para convertir su sueño en realidad. En esta fase tal vez abandones algunos sueños o lo dejes para una mejor ocasión.

El crítico. Aunque con cuarenta dólares no se puede construir un parque de atracciones o filmar una película, no por eso Walt Disney dejó de soñar. Ya tenía un plan de trabajo para cumplir sus sueños que había sido trazado en la fase realista. Ahora, por lo tanto, en este tercer episodio o estación de trabajo era el momento para ajustarlo y así conseguir ejecutarlo adecuadamente. Este es el momento en el que nos ponemos a trabajar, porque si empezamos a subir los pisos de un edificio, ya sea por escalera o ascensor, no subimos por arte de magia desde el primer piso hasta el 80, sino que lo hacemos pasando por cada piso. Así es como se construye un sueño sólido, pasando por cada uno de los escalones y de los pisos antes de llegar al destino.

Se puede pasar de una estación a otra cuantas veces sea necesario, hasta que el sueño quede perfeccionado. Walt buscaba un espacio diferente para cada una de estas etapas.

El primer sueño de Disney fue hacer películas, pero antes tuvo que ser dibujante, trabajar para otras empresas y fracasar en sus primeros intentos de ser independiente, estos fueron los primeros escalones que tuvo que subir y aunque fracasó, ya estaba en marcha, aprendiendo a no darse por vencido. Un año después de perder los derechos de su primera creación, un conejo llamado Oswald (su primer éxito y su primera decepción) reaparecía en 1928 con el famoso ratón Mickey Mouse. Una persona es exitosa cuando retrocede y tiene la capacidad de recuperar los pasos perdidos.

Cuando cumplió el sueño de hacer cortometrajes se planteó uno nuevo: hacer un largometraje. Todo el mundo coincidió en que esta nueva empresa que fue llamada «la locura de Disney», le llevaría a la bancarrota. Tardaría dos años en ver concluido su trabajo y pasó por graves problemas de financiación para poder acabarlo, pero finalmente *Blancanieves y los siete enanitos*, la locura de Disney, se estrenó el 21 de diciembre de 1937 y fue la película más taquillera de 1938. Después de eso, Walt Disney continuó soñando y creando.

Disneyland abrió sus puertas en 1955, casi 18 años después del estreno de su primer largometraje. ¿Cuántos escalones tuvo que subir antes de llegar a construir el parque temático? Fueron 18 años de trabajo, Disneyland no apareció por arte de magia de la noche a la mañana.

El método del soñador, el realista y el crítico se sigue usando en todas las creaciones de Disney, incluso existe el Disney Institute en Orlando, Florida, donde se capacita a empresarios y ejecutivos para que puedan aplicar este método de trabajo en sus vidas y en sus empresas.

Las visiones y los objetivos nos indican una dirección, nos señalan hacia dónde tenemos que enfocar nuestra vida, nos muestran por qué tenemos que luchar y por qué tenemos que levantarnos todos los días y, sobre todo, apuntan a donde queremos llegar.

La mayoría de las personas quieren ser exitosas, pero cuando les preguntas ¿en qué quieres ser exitoso?, o ¿cómo lo vas a lograr?, no saben qué responder, consideran exitoso a alguien con mucho dinero y quieren hacerse millonarios de la noche a la mañana. Ese sueño no tiene estructura y, aunque se cumpliera, las personas que lo lograran no estarían preparadas para ese éxito y, normalmente, años después, habrían perdido todo lo ganado.

Fijarte objetivos

Es muy importante tener un objetivo en la vida, que debe estar basado en una misión.

En la clase de Negociación Profesional que impartía, la primera regla era tener un objetivo, porque si sabes lo que quieres conseguir, seguramente lo acabarás logrando, pero si no lo sabes, acabarás fracasando. El objetivo nos marca la estrategia, nos dice cómo tenemos que prepararnos y cómo tenemos que negociar.

El objetivo específico de un negocio es generar beneficios, pero en la vida hay más aspectos que se tienen que considerar para ser exitoso, para ser una persona completa. A lo que me refiero es a que puedes triunfar en los negocios, pero puedes haberte divorciado dos veces y estar obeso y tener problemas de salud o, por el contrario, también puedes tener un cuerpo y una forma física envidiables, pero no tener ni un peso. Cada persona debe tener una visión de futuro sobre los diferentes aspectos que son importantes para su vida, y sobre cada uno de ellos debe tener un objetivo. Dependiendo de la etapa de la vida que atravesemos, priorizaremos más a unos o a otros, pero jamás debemos olvidar ninguno de ellos. Debes marcarte un objetivo profesional en la vida, ir al trabajo con una meta, saber a dónde quieres llegar, no deambular como los borregos, en rebaño, porque ahí van todos y, además, es simplemente lo que toca hacer.

Objetivos de carácter intelectual pueden ser leer, estudiar un diplomado, una maestría, tomar un curso o capacitación, una conferencia, ir a la universidad, visitar museos, viajar para conocer otras culturas y todo lo que te ayude a ser una persona mejor preparada.

Un **objetivo de carácter espiritual** es aquel que nos hace estar en paz con la vida y entenderla, que nos proporciona la tranquilidad de espíritu que solo la espiritualidad puede dar, que nos permite aceptarnos a nosotros mismos y a los demás y hace posible que podamos convivir en armonía con el resto del mundo.

También debemos tener un **objetivo de esparcimiento**, un **pasatiempo**, ya sea música, teatro, cine o salir con nuestros amigos. En esta área también tengamos metas, es importante para nuestro equilibrio.

Son necesarios también **objetivos de salud y estado físico**. Yo corro desde hace unos años. Mi primera meta fue correr cinco kilómetros y luego diez, y he llegado a correr quince kilómetros y un minitriatlón. También juego futbol todos los sábados, aunque esta actividad puede caber también en el punto anterior. Me siento bien al terminar una carrera y lograr la meta que me puse. En el 2014 corrí la Spartan Race y no descarto que un medio maratón sea mi nueva meta.

Para mi clase de Negociación Profesional, mis alumnos tenían que correr una carrera de diez kilómetros para conseguir unas décimas extras y elevar su nota. Correr diez kilómetros requiere un mayor esfuerzo mental que físico. La distancia se puede cubrir perfectamente con un poco de entrenamiento físico, pero el verdadero reto consiste en conseguir la fuerza mental para no detenerse cuando el cuerpo comienza a emitir señales de cansancio y la mente te dice que es más cómodo parar o que no vas a poder llegar a la meta. Así que la fortaleza que adquieren los alumnos es más mental que física y posteriormente pueden aplicarla en otros aspectos de la vida. Para lograr todo lo que nos proponemos tenemos que entrenar nuestra voluntad, nuestra resistencia, saber que sí se puede. Conseguir éxitos y cumplir objetivos nos ayuda a ponernos otros nuevos más grandes y, cuando menos lo esperamos, ya estamos corriendo un maratón.

Los **objetivos financieros** también son importantes. El dinero es algo que a todos nos preocupa y conseguirlo ocupa gran parte de nuestro tiempo cuando somos adultos. Justificamos muchas horas de trabajo con la necesidad de poseer un patrimonio, de comprar objetos de todo tipo y proporcionar seguridad financiera a nuestras familias. Pero muchas personas no disfrutan de lo que compran, trabajan para ganar más, pero no tienen tiempo para disfrutar de sus logros. Mientras que, en el polo opuesto, hay otras que trabajan solo para sobrevivir. Hay que tener metas financieras para mejorar nuestro salario y calidad de vida, aumentar nuestro patrimonio para tener una vida relajada, siempre y cuando tengamos tiempo de disfrutar de todos estos logros financieros.

Por último, también hay que tener **objetivos en el área familiar**. Metas tales como formar una familia, casarse, tener hijos y disponer de tiempo para estar con ellos, disfrutar de vacaciones familiares, estar cerca de nuestros seres queridos y convivir con ellos.

Tal como mencioné anteriormente, en las diferentes etapas de tu vida, priorizarás y darás más importancia a unas metas o a otras, pero para ser exitoso debes cuidarlas todas. Hay libros que profundizan más en estos aspectos, pero ahora lo importante es que sepas que sin objetivos es imposible que llegues a ningún lado y que, si no estructuras tus objetivos, si no sabes dar este segundo paso, puede que no se cumplan y sean únicamente sueños.

Te invito a soñar, a estructurar tus objetivos, a dar el primer paso para alcanzarlos y a que, cuando los cumplas, aprendas a ponerte nuevas metas para seguir avanzando. Si sigues esta fórmula, te aseguro que jamás dejarás de avanzar y llegarás muy lejos.

Responsabilidad

¿Qué es la responsabilidad? Es un valor que nos permite reflexionar, administrar, orientar y valorar las consecuencias de nuestros actos. ¿Los mexicanos somos responsables? La respuesta a esta pregunta te la dará el famoso *ahorita*, utilizado por la mayoría de nosotros y que los extranjeros no entienden porque puede significar «ahora», «mañana» e incluso «dentro de un par de días».

Cuando adquirimos un compromiso en el trabajo, en la escuela o con nuestra familia, también tenemos la responsabilidad de cumplirlo. ¿Por qué es tan fácil destacar sobre la mayoría de los mexicanos? Porque la mayoría no cumple con cuestiones tan básicas como cumplir con lo pactado.

Es lamentable que tuviera que enseñar a mis alumnos a llegar temprano y entregar sus tareas en las horas y días establecidos. México es el país del «es que», que trasladado al terreno laboral, significa que los empleados llegan tarde y su trabajo jamás está acabado a tiempo (por eso los extranjeros, que sí son responsables, puntuales y cumplidores, tienen mejores empleos que nosotros).

Te pongo un ejemplo. Seguro que te recomendaron alguna vez a un carpintero responsable y cumplido, pero bajo los parámetros mexicanos. El carpintero te promete que en dos semanas estará terminado el mueble que le encargaste, pero cuando llega el plazo de entrega no es así (además, él ya lo sabía de antemano). El carpintero entonces te dice que la madera llegó tarde o te pone cualquier otra excusa, pero te asegura que todo se solucionará en un par de días. Pasados cuatro días, tiempo suficiente para tener finalizado el trabajo, se vuelve a excusar diciendo que el sol se comía la laca o que la lluvia no permitía el secado, pero que ahora sí, que en dos días más te lleva el encargo. Pero pasado el plazo fijado tampoco cumple y ahora la excusa es que el flete quedó mal, que no tiene camioneta y depende de otros, pero que de seguro lo tendrás el martes. Pero el martes acaba siendo el jueves y cuando por fin te lleva el mueble encargado, aún le faltan detalles que tiene que rematar ahí, en tu casa. ¿Alguna vez te ha pasado?

El ejemplo del carpintero es el que tengo más presente, porque no conozco carpintero responsable y que termine las cosas a tiempo. ¿No sería mejor que desde el principio te dijera que va a tardar un mes, en lugar de prometer lo que, de antemano, sabe que no va cumplir? Pero estamos acostumbrados a dar y recibir excusas que tomamos como verdades.

En una película de Cantinflas, su personaje (creo que se trataba de un zapatero) tenía un letrero que decía «Calidad, precio o rapidez, escoja dos de tres». Era un letrero honesto: si escogías rapidez y calidad te iba a costar más caro; si escogías precio y rapidez, la calidad iba a ser mala, y si preferías un trabajo de calidad y barato, seguro que daría prioridad a otros mejor pagados y se demoraría.

Hay que encontrar la fórmula para que el cliente quede satisfecho, pero la calidad cuesta. Lo ideal sería pagar el precio justo de acuerdo con la rapidez y la calidad del encargo. Pero estamos acostumbrados a hacer todo a la mexicana. Por eso, las empresas internacionales con estrictos controles de calidad y amplio sentido de la responsabilidad vinieron a desplazar a las empresas mexicanas cuando se abrió el mercado, ¿te acuerdas de Calzado Canadá?

Si haces lo que tienes que hacer, como lo tienes que hacer y en el tiempo en que lo tienes que hacer, tendrás más oportunidades de crecimiento que los demás.

Imagínate que vas a la carpintería que te recomendaron y una vez pactado el tiempo, la calidad y el precio del encargo, te ofrecen un descuento de un 2 % por cada día de retraso. Te irías con mejor sabor de boca, el carpintero cumpliría con lo acordado y tú recomendarías desde ahora sus servicios.

En México las familias no favorecen la disciplina. Solapamos las pequeñas tardanzas, los retrasos, los descuidos, la falta de calidad, las pequeñas tranzas. Recuerda el ejemplo de las familias de los reos que protestan y agreden a los policías que van a sofocar los motines en los penales. Y cuando hay protestas públicas que acaban en desmanes siempre dicen que no hicieron nada, que son presos políticos, que son infiltrados. Y cuando hay peleas entre pandillas de jóvenes, sus mamás siempre salen a defenderlos y culpan a la policía cuando llega a poner orden.

En México nunca pasa nada, en México siempre somos buenos y víctimas, en México siempre hay un pretexto para no hacer las cosas y siempre hay alguien a quien podemos culpar. Aquí utilizamos mucho el «es que» para evadir la responsabilidad de nuestros actos. Y tú ¿cuántos «ahoritas» y «es ques» utilizas?

Superación

En las familias mexicanas no se exige la excelencia; con que seas uno más es suficiente. En ellas tampoco se fomenta una actitud ganadora, ser mejor cada día y fijarse metas, sino que simplemente se va haciendo lo que el día va exigiendo. Y tampoco se trabaja la aceptación del éxito, ni el propio ni el de los demás. Si yo soy exitoso, trato de humillar y pisar a los demás, desquitarme porque me costó mucho trabajo y seguramente me tienen envidia y en cualquier momento me pueden traicionar; y en cuanto al éxito de los demás, a su vez, me da envidia, pienso que se debió al favoritismo, que fue injusto y poco trabajado y que yo lo merecía más.

Tenemos que aceptar el éxito de los demás, aplaudirlo y aprender de él para intentar obtenerlo nosotros. No debemos sentir envidia, sino pensar que los demás pueden cumplir sus logros y nosotros también, que tanto ellos como nosotros podemos ser exitosos.

El Consejo de la Comunicación dice que en las familias se refuerza una visión conformista y perdedora que se refleja en conductas de inseguridad y sumisión.

Hay estudios que dicen que en México la pobreza es cultural, que el pobre se conforma siendo pobre, que si tiene lo suficiente para vivir ya no aspira a más; claro que estos argumentos no son aceptados, porque se puede echar la culpa de la pobreza a todo menos al conformismo de uno mismo.

¿Recuerdas alguna campaña de algún partido que no te hiciera promesas sin pedirte nada a cambio? En la de 2012 ofrecían luz y gasolina más baratas, ayuda para madres solteras, personas de la tercera edad, discapacitados y estudiantes, educación gratuita, vales para transporte, útiles, mochilas y uniformes, pagos por estudiar, universidad para todos sin importar la nota que tengas, etc. Ahora en el 2015 las cosas no han cambiado, pero a la lista anterior se ha sumado la de pintarte la fachada de tu casa, ¿A cambio de qué? A cambio de nada, de votar por los diferentes candidatos. ¿Pero quién va a trabajar para pagar todo esto? Si quieres mejorar en tu vida, debes tener visiones ganadoras, debes avanzar construyendo tu futuro y no esperar que te den todo sin hacer nada.

¿Los mexicanos somos sumisos? Habla con cualquier profesionista que trabaje en una empresa internacional y pregúntale cuántas horas trabaja. Te dirá que más de ocho horas diarias y presumirá de ser adicto al trabajo, pero la verdad es que se conforma con un empleo seguro, que le da pavor ser despedido y que, por eso, su empresa lo explota y abusa de él. En estas empresas la palabra más temida es *recorte* y cualquiera puede ser despedido de un día para otro, y los que se quedan son los que trabajan 24 horas al día sin repelar ni exigir nada a cambio. No son adictos al trabajo, son temerosos del recorte.

Disciplina

Estas son algunas de las reflexiones que arrojaba un estudio sobre la familia mexicana realizado por el Sistema Nacional para el Desarrollo Integral de la Familia (DIF) y el Consejo de la Comunicación:

«[…] la familia mexicana no favorece la disciplina, ni una actitud ganadora o de aceptación del éxito: con frecuencia, refuerza una visión conformista y "perdedora" que se refleja a nivel social en conductas inseguras, a veces sumisas».

«[…] a las familias en México les falta favorecer en mayor medida los valores de la honestidad, el deseo de sus miembros por superarse y el respeto a las normas comunes (puntualidad, normas sociales, etc.)».

Para saber si eres disciplinado piensa en si habitualmente llegas puntual a tus compromisos. Más del 60 % de los mexicanos tiene el hábito de la impuntualidad, «para qué llego temprano si los demás van a llegar tarde»; es tanta nuestra impuntualidad que México es el único país donde en las invitaciones para una boda, se cita media hora antes del comienzo de la ceremonia, para que los invitados lleguen a tiempo y no al final de la misa, como es costumbre.

Yo tengo el hábito de la puntualidad, y sí: siempre tengo que esperar a que los demás lleguen, pero en lugar de enfadarme y recriminarles a los demás por su impuntualidad, leo; así que para mí es tiempo aprovechado, no perdido. También aprovecho los vuelos y las filas en los bancos, siempre cargo con un libro para leer en cualquier oportunidad.

¿Quieres saber si somos disciplinados? Sal a la calle y cuenta cuántas personas manejan mientras van hablando por el celular, cuántas invaden el paso peatonal u obstaculizan el paso a media calle con tal de ganar unos segundos, cuántos camioneros invaden varios carriles simultáneamente, cuántos no respetan los límites de velocidad, cuántos se estacionan en un lugar prohibido o incluso en lugares para discapacitados, cuántos tiran basura, cuántos cruzan avenidas poniendo su vida en riesgo incluso habiendo un puente peatonal a unos pasos, y que cuando les preguntas por qué lo hacen, te dicen que tienen prisa y que es la primera vez, que deberías preocuparte por delitos e infracciones más importantes y no por pequeñas faltas que se cometen de vez en cuando.

Cuando en México creamos reglas lo primero que hacemos es ver cómo podemos burlarlas. Si te detienen por sobrepasar el límite de alcohol permitido en la prueba del alcoholímetro es que, para empezar, no debiste manejar, pero lo que haces es pedir un amparo para no ir a la cárcel, sobre todo si eres una autoridad o tienes un puesto público; en México incluso se crean redes sociales para informar de la situación de los retenes y poderlos burlar en lugar de organizar redes de amigos que puedan turnarse al volante cuando alguno haya bebido de más.

Cuando veía en las películas estadounidenses que los estudiantes llegaban en limusinas a sus fiestas de graduación, pensaba que era una payasada, pero ahora sé por qué lo hacen: para no manejar después de beber, para que la limusina te lleve al *after* y después a tu casa y así no poner tu vida en peligro. En México los que se gradúan y tienen carro manejan desvelados y borrachos. Un ejemplo más de irresponsabilidad.

En la maestría tuve compañeros de distintas nacionalidades (estadounidenses, franceses, bielorrusos y holandeses). En una ocasión, un compañero holandés comentó que no podía ir a una fiesta porque, aunque tenía vehículo, no podría tomar y después manejar. Mis compañeros le respondieron que en México sí se podía y que le enseñarían a manejar borracho, e incluso algunos presumían de manejar mejor tomados que sobrios. Estoy hablando de estudiantes de maestría, con una preparación y cultura supuestamente superiores al 99 % de los mexicanos, pero tristemente con el mismo grado de irresponsabilidad.

La autoridad electoral determinó en el 2012 que debía existir un lapso donde solo se permitiera publicidad en las campañas internas de los partidos que aún no habían elegido un candidato oficial para las elecciones, de manera que los partidos con candidato definido debían esperar al comienzo de las campañas oficiales para hacerse promoción. Pero luego los dos partidos que ya tenían su candidato encontraron la manera de burlar la ley e hicieron sus campañas publicitarias, cuando se supone que, si son ellos mismos los que han creado las reglas, deberían cumplirlas al pie de la letra.

Honradez

Mucha gente hace trampa, no sigue las reglas y no es responsable porque piensa que está permitido salirse un poco de la norma, que son más inteligentes al hacerlo, que no le hacen daño a nadie y que eso les proporciona cierta ventaja sobre los demás.

Dan Ariely es un profesor del Instituto Tecnológico de Massachusetts y de la Universidad de Duke, ambos en Estados Unidos, que ha estudiado qué significa hacer trampa y cuáles son sus consecuencias. Ariely realizó un experimento en el que daba a los participantes de un primer grupo una hoja con veinte problemas sencillos y les prometía un dólar por cada uno que resolvieran correctamente. Los resultados mostraron que al final los participantes resolvieron un promedio de cuatro problemas.

A un segundo grupo se le hizo la misma oferta (un dólar por problema resuelto), pero a diferencia del primero, al acabar la prueba se les daba a los participantes una hoja con las respuestas correctas para que se calificaran ellos mismos. Una vez autoevaluados, debían romper y tirar la hoja a la basura para que no existiera manera de verificar los resultados y no se pudiera saber si habían mentido. El promedio de respuestas correctas por participante subió a siete.

Entre los treinta mil participantes solamente hubo doce grandes tramposos que dijeron haber acertado en más de quince respuestas. Al final del experimento los grandes tramposos representaron un gasto total de 150 dólares, pero los pequeños tramposos, aquellos que solo engañaron en dos o tres respuestas, costaron cuarenta mil dólares.

¿Qué tiene que ver esto con los mexicanos? Siempre creemos que nuestras pequeñas faltas no afectan a los demás y que se pueden pasar por alto por ser insignificantes, pensamos que no estamos haciendo trampa, que solo los grandes tramposos, como algunos políticos, dañan al país.

Siguiendo la lógica del experimento de Dan Ariely, Carlos Salinas de Gortari (o cualquier otro político de tu preferencia) sería de esos grandes tramposos que le costarían 150 dólares al país, pero el resto de los mexicanos, aquellos que cometieron una pequeña falta insignificante que no le hace daño a nadie, le supondrían al país un gasto de cuarenta mil dólares, simplemente porque somos más y la suma de nuestros pequeños engaños puede llegar a perjudicar más que el fraude de un único gran tramposo.

La honradez es un valor que los mexicanos tampoco tenemos muy desarrollado. ¿Te atreverías a dejar una bici sin cadena o tu carro abierto en la calle? Sería impensable. Cuando te encuentras algo que no es tuyo es porque pertenece a alguien que seguramente lo está buscando. Todos los que están leyendo este libro saben que si por descuido olvidan cualquier objeto en algún lugar existen muy pocas posibilidades de recuperarlo, a menos que nadie lo haya visto y, por fortuna, se encuentre en el mismo lugar.

En el ITESO (donde un semestre cuesta aproximadamente cincuenta mil pesos) hacía la prueba de invitar a mis alumnos a dejar sus *laptops*, iPads, iPhones y otros celulares en el aula en que nos encontráramos y les invitaba a que saliéramos a dar una vuelta por el campus. Se negaban por miedo a ser robados. Las personas que trabajan en Servicios Generales son revisadas y tienen que salir exactamente con las mismas pertenencias con las que entraron (normalmente se culpa de los robos a las personas con menos recursos, en este caso a las de Servicios Generales), así que cuando les preguntaba de quién tenían miedo, me respondían que de los propios compañeros y, por ejemplo, mencionaban los muchos iPods que «desaparecían» en el gimnasio.

A Cloe, una alumna francesa de intercambio, le robaron un único zapato mientras se cambiaba de ropa en el baño (venía de una exposición que requería vestir más formal) y no entendía para qué lo querían. Yo le explicaba que en México muchas veces no se roba por necesidad, sino simplemente para fastidiar y que no hacía falta ni siquiera que la conocieran, que podía ser un acto al azar sin otra finalidad que la de molestar. Cloe caminó con un solo zapato el resto del día. Alguna vez un familiar me robó mi visa, y un amigo de la secundaria robaba en las casas de otros amigos y luego fue detenido por robar discos compactos en un centro comercial, cuando no tenía la menor necesidad de hacerlo.

¿Quieres ser exitoso?

Sé puntual. Si quedaste de llegar a una hora concreta, debes cumplir ese compromiso. La mayoría de los mexicanos no son puntuales y se justifican diciendo que los demás también llegan tarde y que luego deben esperarlos. Te repito mi consejo: llévate un libro para aprovechar el tiempo si te hacen esperar.

Tú quieres sobresalir sobre los demás. Si llegas puntual y llegas primero, a veces tendrás que esperar, pero también serás el primero ante las oportunidades de la vida y estarás donde debes estar cuando los demás aún no han llegado.

Sé disciplinado, ten un orden en la vida, sigue instrucciones, sé que nos encanta decir que tenemos nuestra forma personal de hacer las cosas y que nosotros nos entendemos, pero no es lo adecuado. Tanto si trabajas para alguien más como si existe una regla establecida, debes seguir las normas.

Imagina que tienes tu propia empresa y necesitas contratar a alguien y que eres tú personalmente el que realiza las entrevistas a los aspirantes. El primer candidato llega unos minutos tarde, pero pide disculpas y te dice que ha sido por el tránsito. Te enseña su currículo y ves que terminó su carrera con un promedio de 82. Le entrevistas y te dice que al principio no le iba bien. Habla un idioma, pero no lo domina y no tiene otros estudios además de su carrera. Le preguntas por sus aficiones y te contesta que le gusta salir con amigos y viajar. Te interesas por el último libro que leyó y te dice que no lee, porque prefiere ver documentales en Discovery Channel.

Ese mismo día recibes otro candidato. Llega puntual (lo ves llegar incluso un poco antes de la cita). Este tiene un excelente promedio en su carrera y trabajaba mientras estudiaba para adquirir experiencia. Domina el inglés y también se defiende con un tercer idioma. Lleva una carta de recomendación de un trabajo anterior que dice que es una persona responsable y buen trabajador. Cuando le preguntas por qué quiere cambiar de trabajo, te contesta que quiere seguir creciendo, ganar más y tener mayor responsabilidad. Te cuenta que acaba de terminar un diplomado y que, si lo contratas, con ese sueldo comenzará una maestría. Le preguntas por el último libro que leyó y no solo te da un título, sino que te habla de otros leídos recientemente. Y entre sus aficiones no solo esta salir con amigos, sino que también hace deporte, le gusta la música y viajar.

¿A quién contratarías? La respuesta es obvia. El primero va a trabajar lo mínimo para no ser despedido, culpará a sus compañeros de que no crece, llegará tarde y desvelado, se quejará de su trabajo, pero sabrá que no podrá perderlo porque le costará mucho encontrar otro.

El segundo candidato es una inversión para tu negocio y te pedirá más dinero tarde o temprano, pero te lo devolverá con creces. Se va a comprometer con la empresa y te va a hacer crecer, y tú lo vas a cuidar porque sabes que no hay muchos como él y si no le das lo que vale se marchará, y otras empresas lo contratarán encantadas de la vida. ¿Y tú, qué clase de persona y de profesionista quieres ser?

Lamentablemente, en nuestro país se sacan iniciativas para fomentar la mediocridad en los mexicanos, como aquella del Partido Verde de dar vales de primer empleo a los jóvenes para que las primeras empresas que los contraten los deduzcan de sus impuestos. Esos vales servirían a recién egresados como el primero que mencioné en el ejemplo, pues un estudiante como el segundo siempre será buscado y nunca le faltarán ofertas de trabajo, el primero necesita vales para que su sueldo sea deducible de impuestos y que así lo puedan contratar.

Piensa que todo lo que siembres hoy lo cosecharás mañana, y que tu presente es el resultado de tus acciones pasadas.

La buena noticia es que puedes cambiar hoy, que hoy puede ser el primer día del resto de tu vida, que lo pasado ya no lo puedes remediar, sea bueno o malo, ya estás viviendo sus consecuencias, pero sí que puedes cambiar tu futuro.

Sé puntual siempre, cumple con lo que prometes y con lo que te encargan, sé responsable de tus acciones, comprométete con tu trabajo, ten disciplina en la vida, trabaja y condúcete con honradez, busca siempre superarte y verás cómo sobresales.

3.ª parte:
Ten tu propio negocio o sé un negocio dentro de un negocio

Tener tu propio negocio

«Estructuras simples, organizaciones con mínimos niveles jerárquicos, desarrollo humano y formación interna de las funciones ejecutivas. Flexibilidad y rapidez en las decisiones. Operar con las ventajas de la empresa pequeña que son las que hacen grandes a las grandes empresas».

Carlos Slim

Antes que nada, me gustaría aclarar que tener tu propio negocio no es una condición imprescindible para ser exitoso, pero te ayudará a progresar económicamente con mayor rapidez. En general existen dos tipos de personas: las ejecutoras y las creativas. Ninguna es mejor que la otra, sino que simplemente son diferentes y ambas pueden triunfar.

Creatividad

Las personas creativas utilizan más el lado derecho del cerebro, que es el de la originalidad y las nuevas ideas. Todos usamos esa parte del cerebro, pero la mayoría de las personas, conforme vamos creciendo, priorizamos el lado izquierdo, el racional, el lado que hace las cosas automáticamente y ejecuta lo aprendido.

Las personas creativas son excelentes para idear nuevos productos, nuevos negocios, nuevas empresas, son emprendedoras, improvisan, y con la preparación adecuada y la información necesaria son capaces de crear nuevas combinaciones.

¿Qué nuevas combinaciones? Imagina que tu cerebro es una computadora y que utiliza programas. Si tu cerebro solo utiliza el programa A, solamente puede crear a partir de A. Si le añades B, las combinaciones se amplían a cuatro resultados: A, B, AB y BA. Si a continuación le añades el programa C, los resultados serán aún más: A, B, C, AB, AC, BA, BC, CA, CB, ABC, BAC y CBA. Y así sucesivamente, la información seguiría creciendo en progresión geométrica en la medida en que le fuéramos añadiendo nuevos programas.

Por lo tanto, mientras más información procese tu cerebro, más ideas puede llegar a tener, más problemas puede solucionar y más creativo puede llegar a ser. Por eso es importante saber cómo trabaja, para ayudarle a realizar nuevas combinaciones. «Si tú tienes una manzana y yo otra manzana y las intercambiamos, los dos seguiremos teniendo una manzana, pero si yo tengo una idea y tú tienes otra idea y las intercambiamos, los dos tendremos dos ideas», e incluso una tercera que emane de las dos primeras.

Precisemos qué es la creatividad. La mejor definición la escuché de Andrés Bustamante, el Güiri Güiri, que la explicó como la capacidad de transformar los elementos que ya existen y darles nuevos usos. Crear algo de la nada es imposible, solo Dios es capaz.

Un ejemplo que me gusta como paradigma que muestra la creatividad es Facebook, una red social que es una especie de chismógrafo digital. Si eres demasiado joven y no sabes qué es un chismógrafo, te diré que era una especie de cuaderno donde pegabas una foto de tus amigos junto con una serie de preguntas sobre tu vida personal que tenías que contestar. Facebook sirve para interaccionar por medio de mensajes, tiene un «muro» para compartir tus actividades diarias y en el que los demás te pueden dejar un mensaje o una foto.

Antes de Facebook ya existían chats (ICQ, MSN), programas de intercambio de fotos (MySpace, Hi5) y blogs personales donde uno podía compartir sus ideas, pero Facebook significó la fusión de las ventajas de todos ellos. Además, la ocurrencia no fue totalmente de Zuckerberg, no le estoy quitando mérito, sino que así funcionan las ideas, se complementan y enriquecen con las de otras personas, se parte de una inicial que luego se transforma y acaba en un proyecto mucho mayor. Así sucedió con Facebook, una red social que se creó a partir de tres elementos ya existentes más una idea inicial, y que Mark acabó convirtiendo en un nuevo invento (te invito a ver *The Social Network*, una excelente película que ilustra la creación y el nacimiento de Facebook).

¿Por qué en una sola universidad estadounidense se crean más patentes en un año que en todo México?

Como comenté anteriormente, con el tiempo utilizamos cada vez menos el lado creativo del cerebro, el derecho, pero existen ciertas prácticas que pueden reactivarlo y que lo ayudan incluso a aumentar su potencial.

La primera práctica es salir de tu entorno habitual. La rutina es competencia del lado izquierdo del cerebro. En Estados Unidos la mayoría de los universitarios tiene que moverse a otra ciudad para estudiar, lo que supone vivir en el campus universitario, en sus dormitorios, tener compañeros nuevos y conocer también ciudades nuevas. Y en su tercer año tienen que salir del campus y vivir en casas o departamentos cercanos con sus compañeros.

En México eso no es lo común, muchos vamos a la universidad, pero nuestros patrones diarios siguen casi intactos.

Si recuerdas, en la película *The Social Network* los estudiantes se juntaban en casas o dormitorios a programar y a discutir nuevas ideas a cualquier hora del día, incluso de noche, y estaban constantemente en interacción con sus maestros y compañeros de universidad. En México, después de salir de la universidad te vas a casa, a tu cuarto, con la misma gente de toda la vida. Los entornos interactivos, por lo tanto, son menos creativos.

La música y el deporte son dos actividades sumamente ligadas a la creatividad. Las universidades de Estados Unidos se distinguen por amplios programas deportivos con un gran número de becas. Pero los demás universitarios, los que no destacan en el aspecto físico, también tienen la obligación de practicar alguna modalidad de deporte (puedes practicar incluso surf en campus como el de San Diego) como actividad curricular. No hay campus universitario que no tenga una actividad deportiva, un club de debate y múltiples actividades relacionadas con el teatro y la música.

Precisamente la música es otra gran activadora del lado derecho del cerebro. Los alumnos estadounidenses forman bandas escolares ya en la educación primaria donde aprenden a tocar diversos instrumentos y no únicamente la flauta, como en nuestras escuelas.

En nuestro país no nos hemos dado cuenta de la importancia que tiene que nuestros universitarios sean innovadores, claro que hay clases de emprendimiento donde se les incentiva a ejecutar nuevos proyectos y crear nuevos negocios, pero sus cerebros no están entrenados para eso.

En México la educación está diseñada para usar el lado izquierdo del cerebro y cuando queremos recuperar el lado derecho no sabemos cómo hacerlo. Es igual que si intentamos jugar un partido de futbol de noventa minutos y aguantar el esfuerzo físico que supone después de llevar diez años sin practicar ningún deporte. No se puede.

Para reactivar el lado derecho de tu cerebro te recomiendo las siguientes actividades:

- Lee.
- Corre tres veces por semana entre cinco y diez kilómetros.
- Escucha música y, si puedes, aprende a tocar un instrumento.
- Dibuja.
- Cambia la decoración y el acomodo de tu cuarto o tu oficina cada año.

- Si quieres tener nuevas ideas, camina por un parque, sal al campo y no hagas nada.
- Viaja.
- Sueña, visualiza. Si eres mayor de edad, debate sobre temas interesantes (y no sobre el último chisme) compartiendo una botella de vino con tus amigos.

El 97 % de las nuevas ideas no surgen en el trabajo, sino que aparecen mientras realizas otro tipo de actividades como las que acabo de mencionar. Por eso, algunas compañías internacionales permiten que su personal trabaje desde casa o desde un café. Y por eso la sede de algunas empresas (como Google) no tiene nada que ver con un edificio de oficinas convencional, porque necesitan de la creatividad de sus empleados todos los días y hacen lo posible para fomentarla.

Después vienen los ejecutores, personas que usan más el lado izquierdo del cerebro, pero son poco creativos, que entienden los sistemas y los reproducen a la perfección y que son excelentes gerentes y directores. Algunas veces los creativos no saben cómo dar forma a sus ideas, cómo llevarlas a cabo, y necesitan un ejecutor que ponga orden y estructura en los proyectos para que se realicen.

Los dos tipos de personalidades pueden ser igualmente exitosas. La persona que usa más el lado izquierdo, si es disciplinado, responsable y cumplido y se capacita cada vez más, mejorará su sueldo y se hará indispensable para su empresa, pero siempre dependerá de alguien más que valore su trabajo y esfuerzo.

Ser tu propio jefe

Desde el punto de vista del éxito monetario, de las ganancias que te aporta tu trabajo se pueden dar varias situaciones: si trabajas para una empresa vas a ganar un sueldo predeterminado mensual o quincenal, pero tus ganancias vienen determinadas por este salario; si eres autoempleado y trabajas para ti como profesional independiente, también tienes un límite, pues tus ganancias serán las que llegues a obtener del rendimiento de tu tiempo y tu trabajo. Pero siguiendo con el mismo ejemplo, en el supuesto de que seas tu propio jefe, tengas tu propio negocio y estés saturado de trabajo, porque no te das abasto para atender a tus clientes, puede que decidas contratar a otra persona para poder abarcar más trabajo. En este caso tus ganancias provendrán de lo que puedan llegar a producir entre ambos, y si después existiera una tercera persona, tus ingresos provendrían de lo que produzcan entre los tres, y así sucesivamente.

Aplicando la fórmula anterior, puede llegar un momento en el que haya tantas personas trabajando para ti que si pararas de trabajar seguirías recibiendo ingresos. ¿Sucede este mismo fenómeno cuando eres un empleado?

En lo monetario las cosas son así de sencillas, cuando trabajas para una empresa o para otra persona, puedes tener un excelente sueldo, pero solamente vas a ingresar ese sueldo, y no vas a ganar más que eso. Pero tu trabajo y el de tus compañeros servirá para pagar los beneficios de alguien más, alguien que está sacando una rentabilidad del trabajo de todos.

Y con esto no quiero decir que sea injusto y que tengas que rebelarte contra tu jefe o el dueño del negocio para el que trabajas. Hay una diferencia muy grande entre él y tú, él asumió el riesgo de emprender un negocio y tú preferiste la seguridad de un salario.

Las estadísticas no son alentadoras porque, de cada diez negocios nuevos solo uno sobrevive después de cinco años, y de estos supervivientes, solo uno de cada diez sigue abierto al cabo de diez años. ¿Esto quiere decir que hubo muchas personas que se fueron a la quiebra por poner un negocio y luego perdieron sus ahorros y su patrimonio? No, porque no todos los negocios que se cierran tienen pérdidas. Algunos simplemente cumplieron su ciclo de vida, otros tenían una curva de crecimiento más corta y supieron cerrar a tiempo, muchos cambiaron de giro y se adecuaron a las nuevas necesidades, se fusionaron o se vendieron. La realidad es que los empresarios que los ponen en marcha ya se han subido a la ola de los negocios que luego los llevará por diferentes caminos. Pero al final el resultado es siempre positivo. Lo que hace falta es no tener miedo.

La ley del fracaso

No conozco un solo éxito que no esté sustentado en fracasos o, dicho de otra manera, «quien no ha fracasado nunca es porque jamás ha intentado nada».

Conozco muchas personas que buscan el momento perfecto, el lugar perfecto, con el clima perfecto y las condiciones perfectas para animarse a hacer algo, pero la realidad es que esas personas solamente esperan y esperan, y seguirán esperando, porque siempre encontrarán un pretexto para no encontrar el momento adecuado para emprender.

En la vida nada es perfecto, aprendemos por prueba y error, y a medida que más experiencia tenemos, menos errores cometemos. Lo mismo sucede en los negocios. Los que decidimos emprender negocios tuvimos muchos tropiezos al principio, pero de cada fracaso sacamos mayor fuerza y conocimiento (si tienes la mentalidad, claro) para hacerlo mejor en el siguiente intento.

Como mencioné en el capítulo pasado, Disney quebró dos negocios antes de comenzar a tener éxito y Steve Jobs fue despedido de su propia compañía, pero después fundó Pixar y finalmente regresó a Apple para reinventarla.

A continuación, abro un paréntesis para decir que muchos mexicanos creemos en que hay gente que nace con estrella, que tiene suerte y que si llegan a ser millonarios lo hacen por arte de magia, sin tener preparación alguna, e incluso me han llegado a hablar de la suerte que tuvo Steve Jobs por conseguir todo lo que logró sin ni siquiera haber terminado la universidad.

Hay mucho en la historia de Steve Jobs que la mayoría de las personas no conoce. Creció en Palo Alto, California, en Silicon Valley, el centro neurálgico de las empresas tecnológicas, donde trabajaban la mayoría de sus vecinos y las personas que formaban su entorno.

Desde joven formó parte del Hewlett-Packard Explorer Club. Con doce años ya había visto una computadora (en 1967 había muy pocas), visitaba ferias de ciencias en la escuela secundaria (en una de ellas concibió su idea) y durante los veranos trabajaba como becario en HP.

¿Sabes cuál fue la idea de Steve Jobs que revolucionó el mundo de la computación? En ese entonces las computadoras eran tan grandes que solo el Gobierno y algunas universidades podían tener una, cuanto más potentes eran y más funciones tenían, más grandes eran aún. Así pensaban en aquella época, pero a él se le ocurrió lo contrario, crear un equipo que cualquier persona pudiera llevar de casa al trabajo y viceversa, una computadora pequeña con todas las funciones de una computadora grande. Jobs no inventó la *laptop* (como mucha gente cree), pero sí concibió la idea de una computadora personal cuyo monitor, teclado, CPU y cables cupieran en la cajuela de cualquier carro y pudieran ser trasportados en caso de ser necesario.

¿Para que serviría su invento? Steve Jobs no lo sabía, ya que entonces las computadoras se usaban para censos y operaciones matemáticas. ¿Cómo la iba a construir? Tampoco lo sabía, solo había concebido la idea. En los siguientes años reuniría los conocimientos necesarios, trabajaría para otras empresas de tecnología, como Atari, y se rodearía de las personas adecuadas para arrancar su proyecto (la labor de Steve Wozniak fue fundamental, él sí había creado una computadora personal).

Pero volvamos a la ley del fracaso. Steve Jobs dejó la universidad, fue despedido de su propia compañía, tuvo problemas de drogadicción y finalmente solventó todas estas dificultades. Tras su salida de Apple cualquiera en México lo hubiera dado por muerto, pero él aprendió de cada fracaso y se preparó para tener éxito posteriormente.

Enrique Peña Nieto llegó a la presidencia con los votos de un 38 % de los votantes. La mayoría, el 62 % restante, no votó por él, pero acabó siendo presidente. El rechazo fue mayor que el apoyo, pero ¿dónde está su fracaso?

Sé que es más cómodo cobrar un cheque cada mes, ajustarte a ese presupuesto, pero el ser empleado también tiene riesgos, Te pueden despedir si tu empresa cierra, si la planta en la que trabajas cambia de ciudad o de país, si no te adaptas a los cambios tecnológicos tan rápido como lo hacen las nuevas generaciones.

Y entonces te quedas tú con tu liquidación y tienes que comenzar de nuevo, competir con los más jóvenes, medirte con otros que hacen lo mismo que tú pero que cobran menos (y con las políticas que se manejan en muchas empresas en México, puede que no tengas suficiente antigüedad y que te tengan registrado con el salario mínimo para no pagar todas tus prestaciones, así que, además de sin trabajo, te quedarás con muy poca liquidación).

Cuestión de actitud

En el 2009 se les preguntó a los alumnos de Comercio Internacional del ITESO acerca de sus motivos para estudiar esa carrera y qué pensaban hacer cuando se graduaran. Más del 50 % contestó que quería tener su propio negocio, otro 20 % iba a trabajar en el negocio familiar, otro 10 % quería viajar, un 15 % aspiraba a trabajar para una empresa internacional y solamente el 5 % restante contestó que no sabía. En 2001 me gradué de esa misma carrera. Cerca del 70 % de los egresados de mi generación trabaja para alguna empresa, un 20 % trabaja en el negocio de su familia y menos del 10 % tiene su propio negocio (lo de viajar por trabajo, parece que con el tiempo pierde el encanto).

¿Por qué la mayoría de los que querían emprender y poner sus negocios, terminaron trabajando para una empresa si la opción de trabajar para otros era minoritaria en la encuesta? Te voy a dar una pista de lo que sucede. Para ello te explicaré una historia que me gusta contar a jóvenes universitarios.

Te invito a que tú también hagas el ejercicio de imaginar lo siguiente: te acabas de graduar y en tu trabajo cobras $8 000 pesos (algo más que un recién egresado), vives con tus padres y no tienes que pagar renta ni comida ni otros gastos básicos como luz, agua, etc.; todo tu sueldo es para ti, para tu celular, tu transporte y tus gastos personales, así que dispones de una buena cantidad para cambiar de carro, irte de vacaciones con tus amigos e incluso ahorrar un poco.

Cinco años después conoces a alguien y decides casarte, tienes más experiencia, así que ya ganas $12 000 pesos (los aumentos han sido mínimos), un 50 % más que cuando comenzaste a trabajar en tu empresa. Tu futura esposa también es universitaria (nos emparejamos con pares, personas que tienen características y nivel de estudios muy similares a nosotros), pero es más joven que tú, así que gana un poco menos. Entre los dos suman unos $22 000 pesos para comenzar su futuro en común. Los gastos de la boda, la luna de miel y los muebles acaban con los pocos ahorros que tenías, pero, además, debes afrontar los siguientes gastos mensuales: la renta de un departamento de dos recámaras en una zona de clase media ($7 000), el mantenimiento del edificio ($700), la luz ($300), el agua ($200), el gas ($800), el teléfono con internet ($389), dos teléfonos celulares ($700), el cable ($400), la gasolina de dos carros ($4 500) y los gastos de alimentación ($3 000) —estas cifras son reales y provienen de anuncios clasificados del periódico *Mural* de Guadalajara—; hasta aquí llevamos casi $18 000 pesos, sin contar con que debas afrontar el pago de alguna deuda y tengas otros gastos para vacaciones y ocio, seguros médicos, ropa... y para todo esto te sobran únicamente $4 000 pesos. Es posible que con el tiempo vayas ganando más dinero y que entre los dos sueldos ya sumen $32 000 pesos, pero resulta que también van a incrementarse los gastos.

Y con los años también crece la familia y deben seguir trabajando los dos para pagar guarderías o a alguien que cuide al bebé —cuando mi hijo menor era un bebé de veinte meses, gastaba $2 000 pesos mensuales solamente en pañales y leche, sin contar los gastos del pediatra, las medicinas, etc.—; pero supongamos que tus gastos aumentan solo $5 000 pesos al mes. Con la suma de todos los gastos, incluidos los $4 000 para otros gastos, solo puedes ahorrar $5 000 pesos mensuales. Con todo esto puedes calcular que en diez años podrías haber ahorrado $600 000 pesos.

Diez años después ya tienes dos hijos. Necesitas comprar una casa y, aunque posiblemente ya ganes más, también tendrás más gastos. Si compras la casa a tus cuarenta años y te mudas a ella con tu familia, deberás pedir un crédito que, teniendo en cuenta tus ahorros, deberá ser de aproximadamente $6 000 pesos al mes durante quince años, terminarás de pagar la casa a tus 55 años, pero durante todo ese tiempo vas a tener que cambiar de carro, intentar enviar a tus hijos a las mejores escuelas, irte de vacaciones, etc. Difícilmente te va a quedar dinero para seguir ahorrando.

Si lees esto, y tienes entre 25 y 40 años, sentirás que te falta el aire con estos números. Y es ahora cuando te pregunto: ¿cuándo sería el momento idóneo para iniciar tu propio negocio? Muchos de mis compañeros decían que ahorrarían durante unos años y que lo harían cuando cumplieran treinta años, pero eso no ha sucedido, porque se han endeudado para pagar sus casas (que presumen son el patrimonio futuro de sus hijos) y siguen posponiendo la decisión para cuando puedan ahorrar de nuevo, esperando el momento perfecto.

Poner tu propio negocio es cuestión de actitud. La mayoría de las personas que conozco se han atrevido a hacerlo, tal vez no sigan con su negocio o idea original, pero siguen siendo sus propios jefes en otros negocios y no han vuelto a ser empleados.

En México el 70 % de la población trabaja en empresas micro, pequeñas y medianas (PYMES); empresas de personas como tú y como yo que están haciendo negocios, pero muchos de ellos sin formación, ¿te imaginas lo exitosos que podrían ser si tuvieran la preparación adecuada?

Lo triste es que cada vez más universitarios prefieran trabajar para una empresa antes que emprender e innovar. Por eso, el 98 % de las patentes que están registradas en este país pertenece a extranjeros.

Debido a la falta de emprendimiento de varias generaciones de mexicanos preparados y con recursos, se tuvo que traer empresas transnacionales, como ya he mencionado, para crear empleos poco calificados.

¿Qué carrera tienes que estudiar para montar tu propio negocio? Cualquiera es válida, pero si no tienes una vocación clara, estudia ingeniería.

En una conferencia me preguntaron cómo hace negocio un arquitecto. No se necesita tener una constructora. Muchos arquitectos son contratados por consultoras por un sueldo o trabajan de forma independiente por honorarios. A los arquitectos les conceden terrenos de fraccionamientos que no deben pagar hasta que venden las casas que construyeron. En estos casos pueden negociar el precio de los materiales, economizar horas de trabajo y cuando llegue el momento de vender tener mayor utilidad que si hubieran trabajado para otro. Incluso pueden trabajar con alguien más y tener sus propios proyectos a la par para que sus ingresos sean dobles. Con la reinversión de utilidades pueden llegar a construir más casas simultáneamente y bajar los costos de producción.

¿Cómo puede hacer negocios un doctor? Imagina que el doctor es un traumatólogo. Yo voy a ver al mío cada vez que tengo un nuevo esguince en el tobillo, tras una lesión de futbol, y me dice: «Adrián, necesito una radiografía para descartar la fractura». Entonces paso al consultorio de al lado para que me la tomen (ya me va a cobrar por las dos cosas), y después me dice: «Afortunadamente no tienes fractura, tienes un esguince, necesitas estar inmovilizado tres semanas» y cuando vuelvo y me quitan la férula, me recomienda ir a rehabilitación y me da el teléfono de su clínica en la que cuesta $200 pesos por sesión y me aconseja tres sesiones por semana como mínimo durante dos semanas. El doctor me pudo haber cobrado únicamente los honorarios derivados de su consulta, pero su profesión también es un negocio, así que invirtió en una máquina de rayos x y en un centro de rehabilitación que complementan su actividad como traumatólogo, y así puede obtener beneficios de todos los servicios paralelos que pueda llegar a ofrecerte.

¿Ahora entiendes un poco mejor cómo funcionan los negocios? Solo hay que tener un poquito de visión. Así nació mi negocio de empresas en crecimiento. Muchas pequeñas empresas no tienen presupuesto para tener personal especializado en el área de comercio y mercadotecnia, así que vi la oportunidad y puse una oficina desde donde ofrezco estos servicios externos a otras empresas, he llegado a tener hasta diez profesionistas graduados de diferentes carreras trabajando en varios proyectos simultáneos.

Tener tu propio negocio es cuestión de actitud, de animarse y atreverse a hacer lo que la mayoría jamás intenta. Si no tienes éxito en el primer intento, lo tendrás tal vez en el siguiente, o en el siguiente, tarde o temprano los resultados llegarán. A mí me ha funcionado.

Innovación

Muchos estudiantes me dicen que no emprenden negocios porque no tienen dinero. Pero no es cuestión de dinero, es cuestión de ideas. Cuando tienes una buena idea el dinero siempre acaba por llegar, pero no usamos nuestro lado derecho del cerebro, así que las ideas escasean.

Te comenté anteriormente que en México tenemos problemas con la innovación y la creación de nuevos productos, por eso muchos negocios están en manos de empresas extranjeras o personas que llegaron a México sin un peso, pero que decidieron hacer lo que miles de mexicanos no hacen por comodidad o por miedo.

Cuando les preguntaba a mis alumnos qué tipo de negocio pondrían si tuvieran todos los recursos necesarios a su alcance, me respondían que restaurantes (sobre todo de pizzas a la leña) y comercializadoras, pero ¿comercializadoras de qué? No sabían, pero habían oído que eran un buen negocio. Durante mi último año como maestro les decía que si tenían una buena idea de negocio, yo pondría el dinero para formar una sociedad y llevarlo a cabo. Quería probar que lo que falta en México son ideas y no dinero para hacer negocios. Todavía no me han presentado ninguna propuesta.

Si tienes una buena idea de negocio y no tienes capital, te recomiendo leer los siguientes tres puntos de mi curso de emprendedores de la Universidad Stanford. Te permitirán presentar tu proyecto adecuadamente, conseguir socios y atraer la atención de posibles inversores:

1. Creer que tu negocio puede cambiar tu vida y el entorno donde se va a desarrollar.

Este primer punto se refiere a que creas que tu negocio es el mejor negocio que hay en este momento para ti y para quien quieres que sea tu socio, que tu negocio es a lo que te vas a dedicar para tener un futuro y para tener utilidades. Y también se refiere a creer que los clientes van a recibir un producto que les cambie parte de su vida o les resuelva una necesidad. Hay que tener pasión por lo que hacemos, solo así podremos contagiarla. En Stanford también me enseñaron que el 80 % del éxito de un producto depende de la persona que está detrás, de quien lo vende, y solo el 20 % depende del propio producto.

2. Tener al mejor equipo a tu lado.

Tienes que rodearte de los mejores, no escatimar en pesos contratando recién egresados sin talento o parientes solo para darles trabajo. Si contratas a los mejores, darán lo mejor, les podrás exigir los mejores resultados y tu empresa tendrá éxito.

3. Tener una visión para saber a dónde vas con tu producto.

Para desarrollar esa visión necesitas saber qué esperas lograr con tu producto, qué va a cambiar en ti y en las demás personas. Tienes que poder explicar cómo vas a lograr esa visión.

Mucha gente piensa que aquí debes mostrar un gran plan de negocios, con números, gráficas, manuales y estadísticas, pero la realidad es que los negocios son impredecibles y muchas cosas pueden cambiar en el camino, hay que tener una estructura clara, un plan de acción, pero debe ser sencillo, flexible y fácil de entender, aprovechando el poder de la simplicidad podrás vender tu idea más fácilmente.

Te muestro a continuación algunas ideas sobre la simplicidad extraídas de *Los 11 poderes del líder*, de Jorge Valdano.

- «No hay nada más difícil que definir la simplicidad, y posiblemente, nada más difícil que conseguirlo. De algún modo la simplicidad alude a la perfección».
- «La simplicidad nos remite a la pureza máxima, a lo esencial».
- «La complejidad ama un gran número de opciones, las reuniones numerosas, el largo plazo, las palabras difíciles. La simplicidad ama el criterio».
- «Los directivos inseguros crean la complejidad».
- «Los directivos asustados y nerviosos utilizan libros de planificación muy gruesos y complicados, y diapositivas llenas de todo lo que han aprendido desde su infancia».
- «Los líderes de verdad no necesitan confundir».

Si tienes una buena idea sobre un negocio, espero que estas reflexiones te ayuden a convertirlo en realidad, pero, sobre todo, el mejor consejo que puedo darte es que lo intentes; por absurdo o sencillo que pueda parecer tu proyecto, coméntalo, discútelo y posiblemente encontrarás a alguien que crea en ti.

Y si no es su momento, archívalo y puede que lo retomes más adelante, pues como dijo Steve Jobs en su famoso discurso de graduación: «En algún momento todos los puntos se unen».

Todos los puntos se unen

Te contaré una experiencia personal que muestra cómo es cierto que todos los puntos se unen. En 1996, cuando tenía 17 años y estaba en preparatoria, un buen amigo mío, Othón Santillán, me invitó a formar una porra para apoyar al equipo de nuestros amores: las chivas (él venía de un intercambio en Dinamarca y allá también se anima así a los equipos). Así que formamos la Legión 1908 junto con Emanuelle Gutiérrez y, poco después, Felipe Martínez. Poco a poco la Legión creció y llegamos a tener aficionados en la Ciudad de México, Cuernavaca, León, Juárez, Monterrey, Los Ángeles, Chicago y Houston. Más de diez mil personas registradas en nuestro grupo de apoyo.

Años después dejé la Legión 1908, pero mientras estuve ahí conocí a Jorge Vergara y a mucha gente del ámbito del futbol, jamás me distancié, tejí redes de contactos y me relacioné con muchos presidentes y técnicos que trabajaron en el Club Guadalajara, hasta que la oportunidad de trabajar con ellos se presentó.

Tengo una maestría en Mercadotecnia Global y conozco a la afición de las chivas mejor que nadie, de manera que los puntos se unieron después de unos años y junto con el excelente equipo que recluté (Adriana, Estefanía, Fanny y Enrique) hicimos uno de los proyectos más grandes que se han hecho para las chivas en el área de mercadotecnia. Todos los puntos se unen tarde o temprano, ¿para qué sirvió la Legión 1908? Para entender y aprender desde sus orígenes lo que significa ser chiva e irles a las chivas. ¿Sabía que me iba servir para algo? La realidad es que no, pero cuando se presentó la oportunidad toqué las puertas que se tenían que tocar, vendí mi proyecto y ellos creyeron en mí y me contrataron. Con cualquier actividad se puede hacer negocio, solamente hay que saberlo enfocar y encontrar una necesidad.

Puedes ser un excelente gerente y un excelente director, y si esa es tu vocación solo te recomiendo que sepas venderte como el mejor, y para eso necesitas prepararte, capacitarte, leer y volverte necesario en la estructura de tu empresa. Y si decidiste hacer negocios, las recomendaciones son básicamente las mismas: prepárate, capacítate, lee, sé responsable, pero también sueña, experimenta y, sobre todo, intenta. Tarde o temprano la recompensa llegará.

José Hernández

Por último, quiero contarte la historia de un mexicano exitoso. José Hernández Moreno nació en French Camp, California; es hijo de dos inmigrantes mexicanos, sus papás iban y venían de México a Estados Unidos para trabajar en la pisca, la recolección de productos agrícolas en los campos de California. Aprendió a hablar inglés hasta los doce años, y los primeros años de su vida los pasó entre ambos países.

Siendo un niño, José narra que llegó con su padre y le dijo: «Papá, quiero ser astronauta». Su papá y su mamá solo contaban con estudios de primaria y ahora su hijo soñaba con ir al espacio.

José cuenta que su papá lo llevó a la cocina de su casa y le dijo: «¿Estás seguro de lo que quieres hacer?, ¿de que ese es tu sueño?». Él le contestó que sí.

Don Salvador, su papá, le dijo que si ese era su sueño, le iba a dar cinco consejos que lo harían hacerlo realidad:

1. «Define tu objetivo, define exactamente lo que quieres ser». «Quiero ser astronauta e ir al espacio».
2. «Reconoce dónde estás el día de hoy y ve qué tan lejos estás de tu meta. Y no te lo digo para que te desanimes, pero tienes que ser realista, eres hijo de dos inmigrantes mexicanos, con estudios de primaria, que trabajamos en la pisca, no hablas ni siquiera inglés y tu meta es ser astronauta».
3. «Ya que sabes dónde estás y ya que sabes a dónde quieres llegar, traza un plan perfectamente delineado para llegar desde donde estás hasta tu meta, tu sueño de ir al espacio. Tienes que aprender inglés, acabar tus estudios básicos, estudiar una carrera universitaria, especialidades y una serie de requisitos que la NASA va a pedirte para aceptarte en su programa espacial».

4. «Estudios de calidad; si no hay educación, no hay progreso. Para lograr tu sueño tienes que prepararte, educarte para ir avanzando en cada pequeña meta que pusiste en tu plan para llegar al espacio».

5. «El mismo empeño que ponemos aquí en el campo, en la pisca, donde tú nos ayudas en tu tiempo libre, pónselo a todo lo que hagas en este proceso para llegar a tu meta».

«Si sigues estos cinco pasos,
te aseguro que lograrás tu sueño».

En el 2009, José Hernández Moreno salió en la misión espacial STS-128 del Discovery, junto con John Olivas (nieto de mexicanos nacido en California), cumpliendo así su sueño. Llegó a su meta, pero dice que a los consejos de su padre agregaría uno más: perseverancia. José intentó 16 veces entrar al programa espacial de la NASA, siendo rechazado una y otra vez, cada vez regresó con más estudios y mayor preparación, sin renunciar a su sueño, hasta que fue aceptado.

La enseñanza que nos deja José Hernández es: «Si es posible para alguien, es posible para mí».

La enseñanza que nos deja es que si el hijo de dos jornaleros inmigrantes sin estudios, viviendo en condiciones de pobreza, llegó al espacio, también es posible para todos los demás.

México: un país lleno de oportunidades

México es un país lleno de oportunidades donde puedes llegar a ser el hombre más rico del mundo o el más buscado; tú decides qué tipo de mexicano quieres ser.

Hoy, con base en el estudio de nuestra historia y de estadísticas, puedo asegurar que vivimos en el mejor México que jamás haya existido. Si eres menor de 25 años es probable que te estés preguntando cómo puedo asegurar tal «aberración», ya que todos los días oyes que vivimos en un país sumamente violento y lleno de pobreza, para ser exactos, con 53 millones de pobres, según el Coneval (en este 2017 el Coneval da la cifra de 53 millones de mexicanos que se encuentran en pobreza moderada a pobreza extrema, y se considera pobre a una persona cuando tiene por lo menos una carencia social, por ejemplo, haber nacido antes de 1982 y no tener la secundaria terminada, aunque su ingreso sea superior a la media del país).

Vivimos en el mejor México que jamás haya existido.

A ti que me estás leyendo, lo primero que te preguntaría es ¿estás estudiando o trabajando? ¿Te falta que comer? ¿Tienes televisión, celular o internet?

Cuando hago estas preguntas directamente a todos los que se quejan de nuestro país, me dan dos repuestas generalmente, la primera: «Sí tengo todo eso, pero millones de personas, no. Y es porque le echo muchas ganas, nadie me lo regaló», entonces les pregunto «¿Y en qué país es diferente? ¿En qué país le va bien al que "no le echa muchas ganas"?», a lo que me responden: «Es que a mí no me ha ayudado el Gobierno, yo solo con mi trabajo salí adelante». Entonces te sorprendería saber que ni a Bill Gates ni a Steve Jobs ni a Mark Zuckerberg ni a Jeff Bezos ni a Richard Branson los ayudó el Gobierno, ellos no recibieron ningún tipo de subsidio, ni apoyos, hicieron sus empresas desde las cocheras o cuartos de sus casas, con sus propios recursos, y hoy son los hombres más ricos del mundo, no esperaron a que los descubrieran o a que el Gobierno o algún inversionista tocara a sus puertas, ellos salieron en busca de quien creyera en sus proyectos y los financiara.

Hace poco leía en una red social que en México hay mucho talento, pero que faltaban apoyos. Rehíce la frase: «En México hay mucho talento, pero falta talento para encontrar apoyos». En un mundo globalizado, donde casi el 80 % de los mexicanos entre los 18 y los 44 años usa internet de manera cotidiana, no solo podemos encontrar apoyos en nuestro país sino también en el extranjero, y puedes leer algunos ejemplos en el libro *¡Crear o morir!* de Andrés Oppenheimer, como el caso del mexicano Jordi Muñoz, quien tenía mucho talento para construir drones y con apoyo económico de un socio que encontró en Estados Unidos consolidó su empresa 3D Robotics en la frontera norte.

La segunda respuesta que me dan generalmente es: «Adrián, tú no conoces México, creciste y vives en una burbuja de la cual nunca has salido». La dirección exacta de la «burbuja» donde crecí es Centenario 207-A en Rioverde, San Luis Potosí, ojalá la vayan a ver. Pero hoy también te puedo decir que conozco casi toda la República Mexicana —cuando he visitado Tijuana por alguna conferencia me ha llamado mucho la atención ir por una vía rápida en la que a mi derecha voy viendo casas de cartón con techo de lámina, pero la mayoría con antena de televisión satelital—, generalmente me mandan a la sierra de Chiapas o a la de Oaxaca, pero eso sería ya tener que ir a un estado en específico y adentrarme en la sierra, sin embargo, les contesto: «Ustedes no conocen un país verdaderamente pobre». México es un país pobre donde el 98 % de los hogares tiene televisión, el 43 % tiene televisión por cable, donde existen 112 millones de líneas de telefonía celular y el 74 % de los usuarios de celular tiene un *smartphone* (de hecho, te será muy difícil encontrar a un mexicano que no tenga televisión o teléfono celular, haz la prueba), México es el quinto país en el mundo con más cuentas de Facebook, estas cifras no las tiene un país pobre.

Es verdad que existe la pobreza extrema en nuestro país y que hay que combatirla, sin embargo, la mayoría de los mexicanos vive en condiciones sumamente favorables comparadas con las de países verdaderamente pobres.

Las cifras no mienten, vivimos en el mejor México que jamás haya existido, nuestro país nació el 27 de septiembre de 1821 y nació quebrado, nació sin empresas, sin preparación, sin una Hacienda pública, y así continuó hasta el Porfiriato, a toda la mala situación económica anterior le puedes agregar que no tuvimos paz (era un México sumamente violento), fuimos invadidos en el siglo XIX por España, Francia y Estados Unidos, además de librar una guerra civil, la guerra de Reforma. Don Porfirio Díaz tuvo dos grandes logros, pacificó al país y por primera vez creó las condiciones económicas para lograr un crecimiento, sin embargo, todo eso se vino abajo con la Revolución mexicana.

Terminada la Revolución (y después de la muerte de más de un millón de mexicanos), en la segunda década del siglo XX teníamos que empezar de nuevo a reconstruir el país. Para 1930 los mexicanos tenían en promedio 1.5 años de estudios, el 62 % de la población no sabía leer ni escribir y la esperanza de vida era de aproximadamente 34 años; en la década de los setenta el promedio de estudios era de 4.1 años y la esperanza de vida subió a 63 años, sin embargo, a pesar de los avances en materia de educación y salud pública, los años setenta y ochenta, y principios de los noventa, fueron décadas de verdaderas crisis económicas.

Si tienes menos de 35 años apenas recordarás la devaluación de 1994, que fue la última de gran magnitud, pero te mostraré algunos datos para que evalúes mejor tu México actual: en el sexenio de Luis Echeverría (1970-1976) se tuvo una inflación acumulada de 126 %, José López Portillo (1976-1982) expropió la banca y las cuentas en dólares de los mexicanos, la devaluación promedio en su sexenio fue de 866 % y con una inflación acumulada del 417 %, ya en los años ochenta, en el sexenio de Miguel de la Madrid (1982-1988), se tuvo una inflación acumulada de 4 030 % y la moneda se devaluó en un 1 442 %, ese sí era un México inestable económicamente, esas sí eran crisis y verdaderas devaluaciones.

Miguel de la Madrid recibió el dólar a $148 pesos y nos lo dejó en $2 291.24 pesos, de un mes a otro el dinero y los sueldos ya no valían nada. Con el odiado Carlos Salinas de Gortari (1988-1994) tuvimos un repunte frente a los años anteriores, «el milagro mexicano», la devaluación del peso frente al dólar solo fue de 50 % y la inflación acumulada de 141 %, con Salinas también llegamos a tener dos años con inflación de un dígito.

La última gran crisis llegó en 1994, aunque Ernesto Zedillo (1994-2000) ya era presidente, Carlos Salinas le dejó una «bomba» que explotó el 19 de diciembre de ese año. Aunque los números de Zedillo son malos, una devaluación sexenal de 173 % y una inflación acumulada del 225 %, la realidad es que él sentó las bases de una economía sólida que disfrutamos hasta nuestros días, además de rescatar a la macroeconomía mexicana de una quiebra casi total.

Zedillo terminó su sexenio en el año 2000 con una inflación del 8 % y desde entonces, contando este año 2017, no hemos vuelto a tener una inflación de dos dígitos, incluso en la mayoría de los años, quitando solamente el 2008 y el 2017, se han tenido inflaciones menores al 5 %. Si tienes menos de 25 años una inflación del 7 % anual es crisis para ti, pero ve cómo era México hace veinte o treinta años, antes de que nacieras, nada qué ver con el México actual.

Los números de Vicente Fox (2000-2006) fueron excelentes, la devaluación sexenal fue del 16 % y la inflación acumulada del 30 %. Con Felipe Calderón (2006-2012) sucedió lo mismo, la devaluación en su sexenio fue de 17 % y la inflación acumulada de 28 %, sin embargo, muchos *millennials* los consideran pésimos presidentes y les pregunto, ¿comparados con quién?

Hoy en México, tu esperanza de vida es de casi 77 años, el promedio de estudios de los mexicanos es de 9.1 años, menos del 4 % de los adultos del país no sabe leer ni escribir, y el mismo porcentaje no cuenta con cobertura médica.

En este «terrible sexenio» de Enrique Peña Nieto, la inflación promedio ha sido de 3.8 %, contando el estimado de 2017 (6.05 %), y la devaluación a septiembre de 2017 es del 40 %.

Hoy, el nacer en México es totalmente diferente a haber nacido en el México del siglo XIX, de principios del siglo XX e incluso totalmente diferente a haber crecido en las décadas de los setenta y ochenta. Hoy tienes todas las oportunidades de estudiar hasta donde tú decidas, de desarrollarte económicamente e incluso de salir al extranjero a buscar socios comerciales.

Los mexicanos creemos que el Gobierno nos tiene que resolver todo y estamos muy equivocados, no digo que el Gobierno no tenga fallas, tiene muchas que debemos corregir, pero también muchas cosas dependen de nosotros y para liberarnos del «sistema» tenemos que dejar de depender de él.

Recientemente leía en el libro *Nosotros los dreamers*, de Josefina Vázquez Mota, una estadística que decía que cuatro de cada cinco universitarios en Estados Unidos tenían que trabajar mientras estudiaban para pagar parte de sus estudios, mientras que en México solo 2.4 estudiantes de cada cinco trabajan para pagar sus estudios, en un país donde supuestamente tenemos más carencias y necesidades (un país en el que contamos con universidades completamente gratuitas, a diferencia de nuestros vecinos del norte, ¿qué estamos haciendo con todas esas oportunidades?).

Los temas que nos toca resolver a nosotros los mexicanos son la violencia, los valores que practicamos y enseñamos a nuestros hijos, la corrupción (no solo es un mal del Gobierno, o el que nunca haya comprado piratería que aviente la primera piedra), prepararse más, no hacer actos que perjudiquen a otros mexicanos, ser más solidarios, no solo ante la desgracia o las emergencias, ser mejores personas todos los días.

Vuelvo a asegurar que vivimos en el mejor México que jamás haya existido, un México en el que puedes llegar a ser el hombre más rico del mundo o el más buscado, y tú, ¿qué tipo de mexicano quieres ser?

Conclusiones

El discurso político de Alejandro González Iñárritu cuando recibió el Óscar por mejor director en febrero de 2015 fue de lo más comentado por los mexicanos en todo espacio público y redes sociales.

«Rezo por que podamos encontrar y "construir" el gobierno que merecemos». Todos los mexicanos se identificaron con el discurso, sintiéndonos una vez más víctimas del sistema, pero también a la mayoría se le pasó comentar y debatir, o simplemente decidieron ignorar la palabra «construir».

Criticamos al Gobierno en el poder, sin embargo, para las elecciones intermedias de 2015 el PRI estaba arriba en todas las encuestas.

Criticamos que Enrique Peña Nieto no lee, pero el promedio de lectura de los mexicanos es de medio libro al año. Criticamos que no habla inglés, pero solo el 2 % de los mexicanos lo domina.

Criticamos la corrupción de los políticos, pero el 70 % de los mexicanos es corrupto.

Criticamos nuestra democracia, pero hay grupos que quieren derrocar al presidente para ellos tomar el poder o impedir que se lleven a cabo las elecciones.

El «construir» de Iñárritu es más grande que solo criticar y quejarnos del Gobierno y de todo lo que pasa en México, significa ponernos a trabajar y mejorar, es educarnos, prepararnos y ser productivos, no solo protestar, hacer marchas y bloqueos o publicar en Facebook y Twitter nuestra inconformidad. Ese día, cuando la mayoría de los mexicanos hayamos mejorado como personas, México tendrá el gobierno que merece y del que Iñárritu habló en su discurso.

Como viste en el libro, para ser un mexicano exitoso solo se necesita hacer un poco más que lo demás. En el libro *Fueras de serie*, Malcolm Gladwell intenta explicar por qué algunos pueblos son más productivos y trabajadores que otros a partir del tipo de agricultura que han venido practicando tradicionalmente y de la relación que tienen con el medio. En líneas generales, los orientales que basaban su alimentación en el cultivo del arroz, tenían que trabajar doce horas diarias los 365 del año; los europeos, sin embargo, tenían un modelo agrícola caracterizado por cultivos estacionales donde se siembra en primavera y se cosecha en otoño, se levantaban temprano para trabajar pero regresaban a casa a mediodía y en invierno descansaban; y por último, existen lugares en los trópicos donde no se necesitaba sembrar y bastaba con estirar la mano y tomar la comida. En este tipo de comunidades el trabajo era menos valorado.

Los mexicanos tenemos el segundo tipo de agricultura, el temporal, sembramos en primavera y cosechamos en otoño; aunque nuestros inviernos no son tan duros como en el norte, gozamos de tiempo libre, tiempo para nosotros.

Si haces un poco más que los demás tendrás mejores condiciones de vida, tendrás más éxito, solo es cuestión de invertir mejor el tiempo que nos queda libre. ¿Qué tienes que hacer? Estudiar más que los demás

Como vimos, en México se estudia como promedio hasta la secundaria y solo tenemos un 1 % de personas con estudios de posgrado que ganan $50 mil pesos al mes, lo que demuestra que cuanto mayor es el nivel académico, más altos son los ingresos. Pero no es solo eso, el problema es que en México la educación no es de calidad y estamos muy lejos de que tenga un nivel aceptable, sobre todo en la educación pública y gratuita.

El Gobierno y los propios mexicanos están orgullosos de tener una educación gratuita, pero si no tiene calidad, de nada vale que no cueste nada, que nos regalen los útiles y el transporte, si al final no estamos convenientemente preparados y no somos competitivos. Y en México la competencia también es con profesionistas extranjeros, que llegan a nuestro país mejor preparados que nosotros para ocupar puestos directivos. La competencia hoy es global.

El 56 % de los mexicanos evaluados por la prueba PISA se ubican en niveles de 0 y 1, lo que significa que carecen de las habilidades mínimas para enfrentar las demandas de un mundo global.

Mi consejo es que mandes a tus hijos a escuelas privadas, que pagues por su educación porque es su futuro, aunque sea la única herencia que les dejes. La educación en México no va a cambiar por decreto, gobierne el partido que gobierne. Aún deberemos esperar un mínimo de veinte años para ver los resultados de su mejora, pero tal vez entonces ya sea demasiado tarde para ti.

¿Por qué México tardará tanto en mejorar? Porque, para empezar, necesitamos tener maestros de calidad, bien capacitados, que puedan enseñar correctamente y no los tenemos. El sindicato debe dejar que se haga la reforma educativa para que a la docencia solo accedan los mejores, los que tienen los promedios más altos, a los que luego debe evaluarse constantemente para detectar los casos de bajo rendimiento.

Hablamos de tomar la responsabilidad de tu vida y dejar de esperar que otras cosas sucedan para decidirte a actuar. La educación pública de calidad no va a llegar pronto, así que si tienes hijos haz el esfuerzo de pagar un colegio privado, invítalos a que busquen una beca, un crédito en una universidad de paga de primera, invierte en su educación.

Invierte en universidades que tengan programas de intercambio con países del primer mundo. Si quieres ser el mejor, tienes que aprender de los mejores (un dicho que me gusta mucho es: «Si quieres volar como las águilas, ¿por qué te juntas con los guajolotes?»). Busca universidades que te obliguen a aprender otro idioma, reconocidas por su calidad educativa y no porque tengan un campus en cada esquina, buen ambiente y se apruebe fácilmente.

Tenemos que empezar a darle a la educación el justo valor que tiene. Ninguna reforma fiscal, económica, energética, política, electoral, ni cambio de partido político, va a mejorar nuestra calidad de vida, va a llevar al país a un desarrollo mayor ni va a elevar nuestros ingresos. Mientras no se produzca un avance real en la educación y no haya más universitarios, ingenieros y estudiantes de posgrados, México no progresará como nación. Mientras eso sucede, lucha por tu futuro, por tu bienestar personal y por unas mejores condiciones de vida para ti y para tus hijos. Estudia en escuelas privadas, estudia una carrera universitaria, estudia un posgrado y nunca dejes de capacitarte. Si haces todo lo anterior, te aseguro que no dejarás de crecer en todos los aspectos.

Y si no sabes qué estudiar, mi recomendación sigue siendo la misma: estudia una ingeniería. México necesita urgentemente ingenieros de todas las especialidades, más que psicólogos, diseñadores y comunicólogos.

Lee. El promedio de lectura en México es bajísimo, y no solo eso, sino que lo que leemos no lo retenemos. La única forma de mejorar el problema educativo del que hablamos y de recuperar un poco el tiempo perdido, es leyendo. Cualquier libro te aportará algo. No dejes de leer. Ponte el reto de leer un mínimo de seis libros en un año y si lo cumples ya habrás superado el promedio nacional de libros leídos. Cada año incrementa un libro hasta llegar a los doce, que es el promedio de libros leídos de un país desarrollado. Y entonces, compara tu nivel de vida con el que tenías cuando no leías y verás lo que los libros hicieron por ti.

Ten disciplina. Si empiezas un proyecto, termínalo. Si comienzas un libro, acábalo. Si comienzas a hacer ejercicio, no renuncies. La mejor manera de mantenerte motivado es ir cumpliendo pequeñas metas que te irán fortaleciendo mentalmente y te conducirán hacia nuevos retos que lograr. Dicen que si logras hacer una actividad por 28 días seguidos, se convierte en un hábito. Lee, haz ejercicio y se puntual durante 28 días seguidos. Exígete ser el mejor, busca siempre superarte, y no te justifiques en los demás o en condiciones creadas por terceros para no cumplir tus metas o renunciar a tus proyectos. Recuerda, si es posible para alguien, es posible para ti.

Sé puntual. La puntualidad es otro hábito que debes desarrollar. La mayoría de los mexicanos no son puntuales. Llega a tus citas con cinco minutos de adelanto y supondrá una ventaja para ti. Lleva un libro para aprovechar el tiempo si te hacen esperar.

Sé responsable. Responsabilízate de todo lo que haces y de todo lo que te pasa. Elimina los «es ques» de tu vida. Haz lo que tienes que hacer como lo tienes que hacer y con la mejor calidad posible. Deja el «ahorita» para los demás. Tú quieres destacar, ser más que los demás y tener éxito.

Ten visión. Nunca dejes de soñar, nunca dejes de tener un plan, nunca camines sin saber a dónde ir, que cada paso que des tenga un objetivo, piensa dónde quieres estar en un año, en cinco años, en diez años, qué vida quieres para ti, y cómo la vas a lograr. Visualízalo y traza un plan para llegar a tus metas.

Recompénsate. Cada vez que alcances alguna de tus metas, cada logro por pequeño que sea, no olvides recompensarte y festejarlo. Recuerda, hoy es el primer día del resto de tu vida y tu vida solo depende de ti.

Ten tu propio negocio. Como dije anteriormente, esta es solo una recomendación, pero el que jamás fracasa es porque jamás intenta nada. Si tienes esa inquietud, la de tener tu propio negocio, no lo dejes de hacer, no dejes de soñar, de prepararte y de intentarlo, te aseguro que después de unos cuantos tropezones tendrás éxito.

Y, por último, debes estar mentalizado para ser una persona exitosa y aceptar el éxito de los demás.

¿Qué pretendo con este libro? Lo escribí en la introducción y ahora lo repito para que te quede muy claro: inspirarte, invitarte a llegar más lejos que la mayoría de los mexicanos, motivarte a cambiar tu vida, tu futuro, cambiar tu manera de pensar, sacudir tu conciencia, ampliar tus horizontes y ponerte en marcha hacia la conquista de nuevos retos. Yo solamente espero haberte motivado a seguir caminando y guiarte al éxito.

Ser exitoso es ser hoy mejor que ayer y mañana mejor que hoy.

Adrián Gutiérrez Ávila

Agradecimientos

Gracias a mi esposa, Fernanda, por estar siempre a mi lado, en las buenas y en las malas, demostrándome siempre que me ama a pesar de mis locuras. También te amo. Para mis hijos, André, Lucca y Marcel, quienes hacen que mi vida se ilumine cada día.

A mi mamá, Rocío Ávila, quien me enseñó que podía lograr todo lo que me propusiera. A mi papá, Adrián Gutiérrez Barrera. Dedico este libro también a mi hermana, Rocío Gutiérrez, quien siempre ha creído en mí y en todos mis proyectos, a mi cuñado Vincent Rouault y a mis sobrinas, Valeria y Anel Rouault.

Para Celina Romero, quien es como otra hermana para mí, y su esposo Fabricio. Para mis tíos Evelin Ávila y Alejandro Mata, quienes siempre han estado a mi lado; a Ber, Xesca, María José y Paola Romero. A mis suegros, Ricardo y Lety Peregrina, personas extraordinarias de gran corazón; a Ana Paula Peregrina, Fernando Solís y Romina Solís Peregrina; a Dany Peregrina y Eduardo Torres; a Ricardo Peregrina S., Caro y Alice, gracias por ser mi familia. A mi abuela Vely Jáuregui y a Yocelín Ávila.

A mis compadres, Cecilia y Rolando Chumaceiro. A Salvador y Ana Gutiérrez, Michelle y Ricardo Rojas. A Marcela, Cristy, Cony, Faby, Roy, Adriana y Ana Hernández, Iza y Maya Gutiérrez, Rosa Elena y Fernanda, Marcelo, Rolando Pérez, a mi tía Vero y a mi tía Nena, a mis tíos Fernando y Salvador Gutiérrez, mi numerosa familia Gutiérrez.

A Editorial EMAN por ser los primeros en creer en mi proyecto. Para Nuria Buxo por hacer este proyecto posible; a Olga Gil, quien me pidió comenzar a escribir este libro. A Caty Solares y a Regina M. Spamer. A Zule Dragón, por cuidar mis intereses. A Genaro Portales, Carolina Gallegos, Carolina Lona, Enrique Hernández, Rafael Crespo, Ramón Rafael Rodríguez, Mónica González, José Habvi y Rubén Rodríguez; a mis alumnos de Negociación Profesional y a Manuel García, quien me ayudó a corregir los errores de la primera edición. A mi *alma mater*, el ITESO.

A Paul Daman, Juan Sosa, Alejandro Carrera, Mario González y Gabriel González, con quienes he compartido veinte años de mi vida en toda clase de aventuras.

A Wesly Taylor, Isabel Heredia, Carlos Bauche, Alex Aguilar y David Parch, con quien alguna vez compartí un escenario. A Marcela González, Carlos González, Diana Rivero, Adolfo Tanda, Marco Martínez, Juanillo, Alex Gómez, Alexa Carroll, Edith López, Alma Méndez, Alejandra Sedano y a la Generación 2001 de Comercio Internacional del ITESO.

Gracias a ese gran equipo que hemos conformado para trabajar en todo mi proyecto: Guadalupe Dondiego, Gilberto Vázquez, Juan José García, Margarita Flores y Georgina Partida.

Dedicado especialmente a ti, Martha Debayle, que confiaste en mí y cambiaste mi carrera. A Rebeca Mangas, Luisa Martínez, Ana Galán y a todo su equipo.

A Yordi Rosado, Christian Álvarez y Christopher Heredia de *Ideas Que Ayudan*.

A toda la gente que me ha dado un empujoncito para seguir creciendo. A Fernanda Familiar y Avith Gutiérrez, Adriana Corona, Mauro Hernández, Claudia Franco, Mayra Karrasco, Paola Rojas, el Nuevo, Eduardo Videgaray y al Estaca, a Mónica Alfaro de *¡Ya párate!*, a Omar Chaparro, Tamara Vargas y Facundo.

A Pedro Ferriz, Alejandra Téllez, Manuel Angelino, Susana Zabaleta y Rosy Pérez de *Susana Adicción*, a Betzabé Zumaya, María Bezanilla, Janet Arceo y Carmelina de *La mujer actual*. A Gerónimo Camberos, Lucero Álvarez, Ciro Procuna, Leopi, Pamela Jean, Martha Alicia Chávez, Bárbara Islas. A Alberto Barrera de *Telehit*, Claudia González, Viridiana García, Josune, Trillas, Adriana Palomino, Paulina Greenham, Jorge Narro, Gaby Arriola y Gaby Cortina.

AGRADECIMIENTOS

A mis compadres Sara Aguilar, Elí Jiménez, Iker Santoscoy, Giselle Restelli, Hernán Sabio y Jorge Cuevas.

A mis compañeros de Rioverde con quienes crecí y con quienes me he vuelto a encontrar, Armando Ledezma, Tamara Rivera, Elena Hernández, Alfonso Romo, Ángeles y Bernardino García, Fidel Pantoja, Claudia Rodríguez, Diana Morgan y Claudia Martínez. A Carlos y Elvia Tenorio.

Y a todos los que han creído en mis libros *Cómo ser un mexicano exitoso* y *100 cosas que todo mexicano debe saber*.

Adrián Gutiérrez Ávila

Referencias bibliográficas

«Para mí, todas las ideas son respetables, aunque sean ideítas o ideotas».

Mario Moreno *Cantinflas*

Libros recomendados

Byrne, Rhonda (2006), *El secreto*, 1.ª ed., Barcelona: Urano.

Chávez, Martha Alicia (2008), Todo pasa y esto también pasará, 2.ª ed., México: Grijalbo.

Chávez, Martha Alicia (2009), *Consejos para padres divorciados*, 1.ª ed. México: Grijalbo.

Cruz, Camilo (2003), *La vaca*, 9.ª ed., México: Taller del éxito.

Cruz, Camilo (2010), *La vaca para jóvenes*, 1.ª ed., México: Taller del éxito.

Fisher, R. (1994), *El caballero de la armadura oxidada*, 42.ª ed., Barcelona: Obelisco.

Gladwell, Malcolm (2008), *Fueras de serie*, 1.ª ed., México: Punto de Lectura.

Grad, Marcia (1998), *La princesa que creía en los cuentos de hadas*, 53.ª ed., Barcelona: Obelisco.

Johnson Spencer M. D. (1998), *¿Quién se ha llevado mi queso?*, (Estados Unidos): Empresa Activa.

Mandino, Og. (1968), *El vendedor más grande del mundo*, 82.ª ed., México: Diana.

Mandino, Og. (1988), El vendedor más grande del mundo. Segunda parte, 22.ª ed., México: Diana.

Paz, Octavio (1950), *El laberinto de la soledad*, 2.ª ed., México: Fondo de Cultura Económica.

Ruiz, Miguel (1998), *Los cuatro acuerdos,* 9.ª ed., Barcelona: Urano.

Sharm Robin, S. (1997), *El monje que vendió su Ferrari*, 8.ª ed., Barcelona: Plaza y Editores.

Valdano, Jorge (2013), *Los 11 poderes del líder*, 1.ª ed. (España): Conecta.

Fuentes consultadas

Escolaridad, salarios, población, bienes y servicios

Instituto Nacional de Estadística y Geografía (INEGI), http://www.inegi.org.mx (Consultado 08/2014).

Ranking económico mundial Fondo Monetario Internacional (FMI), "Perspectiva de la economía mundial internacional". http://www.imf.org/external/pubs/ft/weo/2012/01/weodata/weorept (Consultado 17/03/2012).

Gobierno de la República Mexicana (2014), *Spot* televisivo del Gobierno Federal.

Futbol

Federación Internacional de Futbol Asociación. (FIFA),

http://es.fifa.com/associations/association-mex/countryInfo.html (Consultado 08/2014).

https://es.fifa.com/associations/index.html (Consultado 09/17)

Competitividad

Schwab, K. (2013-2014), *Estudio sobre la competitividad global, Foro Económico Global.* http://reports.weforum.org/the-global-competitiveness-report-2013-2014 (Consultado 08/2014).

Calidad de vida

Yan, Holly (29/11/2011), *Las ciudades europeas lideran la lista de lugares con mejor nivel de vida*, CNN México,

http://mexico.cnn.com/mundo/2011/11/29/las-ciudades-europeas-lideran-la-lista-de-lugares-con-mejor-nivel-de-vida (Consultado 08/2014).

Ocupación

Martínez Enríquez, Victoria (16/04/2007) *Donde está el trabajo*, El Universal,

http://www.eluniversal.com.mx/notas/418713. html (Consultado 08/2014).

Salario

Panorama anual del ALO mexicano 2009. Observatorio Laboral.

http://www.observatoriolaboral.gob.mx/swb/es/ola/panorama_anual_del_observatorio_laboral_mexicano_2009. (Consultado 08/2014).

Impuestos

Distribución del pago de impuesto y recepción del gasto público por deciles de hogares y personas, correspondiente a 2010. Secretaría de Hacienda y Crédito Público (SHCP). http://www.shcp.gob.mx/INGRESOS/Ingresos_dist_pagos/documento_ingreso_gasto_2010_11_iii_13.pdf

REFERENCIAS BIBLIOGRÁFICAS

(Consultado 08/2014).

Estrada A. (2014). 54% de la población económicamente activa no paga impuestos, El Financiero.

http://www.elfinanciero.com.mx/economia/54-de-la-poblacion-economica-mente-activa-no-paga-impuestos-sat.html

(Consultado el 21/09/2017)

Jubilación

Encuesta de trayectorias laborales. Comisión Nacional del Sistema de Ahorro para el Retiro (CONSAR).

http://www.consar.gob.mx/principal/encuesta_nacional_trayectorias_labora-les.aspx (Consultado 08/2014).

Estrategias de éxito Seguros Monterrey New York Life, (24/8/2010).

http://estrategiasdeexito.wordpress.com/2010/08/24/

(Consultado 08/2014).

Corrupción

¿Qué tan corruptos somos los mexicanos?. CNN Expansión (revista Quo), (28/9/2013).

http://www.cnnexpansion.com/especiales/2013/09/19/que-tan-corruptos-so-mos-los-mexicanos

(Consultado 08/2014).

Lectura

Encuesta Nacional de lectura. 2006. Consejo Nacional para las Culturas y las Artes (Conaculta).

http://sic.conaculta.gob.mx/encuesta/enl_pdfs.zip (Consultado 08/2014).

Bolio, Iván Paolo, *Educación y medios de comunicación*,

http://www.fundacionpreciado.org.mx/biencomun/bc149/apremiante.pdf

(Consultado 2014).

Leer y comprar libros por placer (Canadá). CERLALC (3/3/2006), Pensar el Libro.

<http://www.cerlalc.org/revista_noviembre/n_articulo06_a03.htm> (Consultado 08/2014).

Poy Solano, Laura (7/12/2011), *En promedio anual, los mayores de 12 años leen 2,9 libros por habitante* La Jornada.

http://www.jornada.unam.mx/2011/12/07/politica/012n2pol

(Consultado 08/2014).

Método Disney

Finder, Axel (5/5/2012). Tinkle, *El método Disney para crear y trabajar las ideas*.

http://www.tinkle.es/blog/el-metodo-de-disney-para-crear-y-trabajar-las-ideas (Consultado 08/2014).

Hambre

Mapa del hambre de 2015. Programa Mundial de Alimentos.
> http://documents.wfp.org/stellent/groups/public/documents/communica-tions/wfp275098.pdf (Consultado 21/09/2017).

Población en México

México, décimo país más poblado con 129 millones de habitantes: ONU. Animal Político
> http://www.animalpolitico.com/2017/06/mexico-decimo-pais-mas-poblado/ (Consultado el 10/10/17)
>> *Población de México.* Countrymeters
>> http://countrymeters.info/es/Mexico (Consultado el 11/10/17)

Población en la ZMVM

Estudios territoriales de la OCDE. Valle de México, México. Síntesis del estudio. OCDE
> https://www.gob.mx/cms/uploads/attachment/file/56213/valle-de-mexi-co-OCDE.pdf (Consultado el 10/10/17)

Economías del mundo

¿Cuáles son las mayores economías del mundo? ¿Y las más diminutas? El País.
> https://elpais.com/economia/2015/04/15/actualidad/1429060990_180502.html (Consultado el 11/10/17)

Competitividad

The Global Competitiveness Report 2016-2017. World Economic Forum
> http://www3.weforum.org/docs/GCR2016-2017/05FullReport/TheGlobalCom-petitivenessReport2016-2017_FINAL.pdf (Consultado el 13/10/17).

Escolaridad

Escolaridad. Instituto Nacional de Estadística y Geografía (INEGI).
> http://cuentame.inegi.org.mx/poblacion/escolaridad.aspx?tema=P (Consultado el 13/10/17).

Porcentaje de pobreza extrema

2010-2016: Pobreza y pobreza extrema. Animal Político.
> http://www.coneval.org.mx/Medicion/MP/Documents/Pobreza_16/Pobre-za_2016_CONEVAL.pdf (Consultado el 13/10/17)

Esperanza de vida en México

Esperanza de vida. Instituto Nacional de Estadística y Geografía (INEGI).
> http://cuentame.inegi.org.mx/poblacion/esperanza.aspx?tema=P (Consultado el 13/10/17).

REFERENCIAS BIBLIOGRÁFICAS

Esperanza de vida mundial

Life expectancy. Global Health Observatory (GHO) data.

http://www.who.int/gho/mortality_burden_disease/life_tables/situation_trends/en/ (Consultado el 15/10/17)

Esperanza de vida en África

Life expectancy. Situation. Global Health Observatory (GHO) data.

http://www.who.int/gho/mortality_burden_disease/life_tables/situation_trends_text/en/ (Consultado en 15/10/17).

La esperanza de vida en el mundo aumenta 5 años desde el año 2000. El Mundo.

http://www.elmundo.es/salud/2016/05/19/573d9b0b468aeb337f8b4653.html (Consultado el 15/10/17).

Esperanza de vida por país

Life expectancy at birth (years), 2000-2015. World Health Organization.

http://gamapserver.who.int/gho/interactive_charts/mbd/life_expectancy/atlas.html (Consultado el 15/10/17).

Tasa de mortalidad infantil por país

League table of under-five mortality rates, 2015. Unicef. Committing to Child Survival: A Promise Renewed. Progress Report 2015.

https://www.unicef.org/publications/files/APR_2015_9_Sep_15.pdf (Consultado el 15/10/17).

Porcentaje de subalimentación por país

Mapa del hambre de 2015. Programa Mundial de Alimentos (WFP).

http://documents.wfp.org/stellent/groups/public/documents/communications/wfp275098.pdf?_ga=2.253517641.1776755878.1508112058-653701308.1508112058 (Consultado el 15/10/17).

Porcentaje de PIB equivalente a la suma de las deudas interna y externa

Forbes *staff* (30/09/16). Forbes México. *Deuda interna y externa siguen aumentando en agosto: Hacienda*. https://www.forbes.com.mx/deuda-interna-y-externa-siguen-aumentando-en-agosto-hacienda/ (Consultado el 21/09/17).

Mexico GDP (s. f.). Trading Economics.

https://tradingeconomics.com/mexico/gdp, consultado el 21/09/17.

Cambio promedio del dólar en México (30/09/16). ElDolar.Info.

http://www.eldolar.info/es-MX/mexico/dia/20160930 (Consultado el 21/09/17).

Acceso a la electricidad

Acceso a la electricidad (% de la población). Banco Mundial.

https://datos.bancomundial.org/indicador/EG.ELC.ACCS.ZS (Consultado el 21/09/17).

Agua y drenaje

Agua potable y drenaje. Cuéntame INEGI.

http://cuentame.inegi.org.mx/territorio/agua/dispon.aspx?tema=T (Consultado el 22/09/17).

Hogares con televisión

9 datos sobre el consumo de TV en México. Instituto Federal de Telecomunicaciones.

http://www.mediatelecom.com.mx/index.php/rss/item/114874-9-datos-sobre-el-consumo-de-tv-en-m%C3%A9xico (Consultado el 15/10/17).

Hogares con computadora y hogares con internet

Tecnologías de la información y comunicaciones en hogares. INEGI.

http://www.beta.inegi.org.mx/temas/ticshogares/ (Consultado el 15/10/17).

Estadísticas a propósito del día mundial del internet (17 de mayo). INEGI.

http://www.inegi.org.mx/saladeprensa/aproposito/2017/internet2017_Nal.pdf (Consultado el 15/10/17).

Usuarios de teléfono celular en México

Nueve de cada 10 mexicanos tienen celular. El Informador.

https://www.informador.mx/Tecnologia/Nueve-de-cada-10-mexicanos-tienen-celular-20161012-0075.html (Consultado el 04/11/17).

Martínez C. (2017). *Telefonía móvil se estanca en México.* El Universal.

http://www.eluniversal.com.mx/articulo/cartera/telecom/2017/07/11/telefonia-movil-se-estanca-en-mexico#ampshare=http://www.eluniversal.com.mx/articulo/cartera/telecom/2017/07/11/telefonia-movil-se-estanca-en-mexico (Consultado el 04/11/17).

Arévalo Pérez J. (2017). *Mobile marketing, tendencia que conquista a los consumidores digitales.* The-eMag. https://www.the-emag.com/blog/mobile-marketing-tendencia-conquista-consumidores-digitales#ampshare=https://www.the-emag.com/blog/mobile-marketing-tendencia-conquista-consumidores-digitales (Consultado el 04/11/17).

Usuarios de Facebook en México

Ranking mundial de los 10 países con más usuarios de Facebook a fecha de julio de 2017 (en miles). Statista.

https://es.statista.com/estadisticas/518638/ranking-de-los-paises-con-mas-usuarios-de-facebook-a-nivel-mundial/ (Consultado el 15/10/17).

REFERENCIAS BIBLIOGRÁFICAS

Promedio de hijos por familia en México

Indicadores de demografía y población. INEGI.

http://www3.inegi.org.mx/sistemas/temas/default.aspx?s=est&c=17484 (Consultado el 15/10/17).

México, primer lugar en obesidad infantil

Salud y nutrición. El doble reto de la malnutrición y obesidad. Unicef.

https://www.unicef.org/mexico/spanish/17047.htm

(Consultado el 15/10/17).

Lugar de México en educación

Panorama del rendimiento en ciencias, lectura y matemáticas. Resultados PISA 2015. OCDE.

http://www.oecd.org/pisa/pisa-2015-Mexico-ESP.pdf (Consultado el 15/10/17).

Hispanos de origen mexicano en EE. UU.

Hispanic or latino origin by specific origin (2016). American Fact Finder. U. S. Census Bureau.

https://factfinder.census.gov/faces/tableservices/jsf/pages/productview.xhtml?src=bkmk (Consultado el 16/10/17).

Televisión para jodidos

Televisión para jodidos. Jenaro Villamil, Proceso.

http://www.proceso.com.mx/336733/television-para-jodidos

(Consultado el 17/10/17).

Estudio sobre la familia mexicana

Dictámenes a discusión y votación. Gaceta del Senado.

http://www.senado.gob.mx/index.php?watch=11&sm=3&id=47742

(Consultado el 17/10/17).

Discurso de Iñárritu

El PRI responde a González Iñárritu. El Universal.

http://archivo.eluniversal.com.mx/espectaculos/2015/pri-respuesta-discurso-oscar-gonzalez-inarritu-1079415.html

(Consultado el 17/10/17).

Otros

Cruz Vargas, Juan Carlos (27/8/2012), *Cotefel: 87 de cada 100 mexicanos tienen celulares,* http://www.proceso.com. mx/?p=318197 (Consultado 08/2014).

Peinado, Enrique (28/1/2009), *De la gloria a la ruina,* http://www.marca.com/2009/01/28/mas_deportes/otros_deportes/1233147702.html (Consultado 08/2014).

Organización para la Cooperación y el Desarrollo Económico (OCDE), www.oecd.org (Consultado 08/2014).

Fuentes para la elaboración de gráficas

Gráfica 1. Escolaridad e ingresos en México y países desarrollados

Instituto Nacional de Estadística y Geografía (INEGI), http:// www.inegi. org.mx (Consultado 08/2014).

Organización para la Cooperación y el Desarrollo Económico (OCDE), www.oecd.org (Consultado 08/2014).

Gráfica 2. Nivel de estudios en México y países desarrollados

Luna, Carmen, (2/11/2012), *¿Cuáles son los 10 países con el mejor nivel de educación?*, http://www.dineroenimagen.com/2012-11-02/10181 (Consultado 08/2014).

Instituto Nacional de Estadística y Geografía (INEGI), http:// www.inegi.org.mx (Consultado 08/2014).

Organización para la Cooperación y el Desarrollo Económico (OCDE), www.oecd.org. (Consultado 08/2014).

Asociación Nacional de Universidades e Instituciones de Educación Superior (2012), http://www.anuies.mx/content.php?varSectionID=166 (Consultado 08/2014).

Gráfica 3. Nivel de estudios en México (Pirámide)

Gráfica Escolaridad de los mexicanos

Instituto Nacional de Estadística y Geografía (INEGI), <http:// www.inegi.org.mx> (Consultado 8/2014).

Gráfica Universitarios en México

Instituto Nacional de Estadística y Geografía (INEGI), <http:// www.inegi.org.mx> (Consultado 8/2014).

Gráfica. Graduados mexicanos en instituciones privadas Instituto Nacional de Estadística y Geografía (INEGI), <http:// www.inegi.org.mx> (Consultado 8/2014).

Asociación Nacional de Universidades e Instituciones de Educación Superior (2012), <http://www.anuies.mx/content.php?varSectio- nID=166> (Consultado 08/2014).

Población. Instituto Nacional de Estadística y Geografía (INEGI). http://www.beta.inegi.org.mx/temas/estructura/ (Consultado el 16/10/17).

Escolaridad. Instituto Nacional de Estadística y Geografía (INEGI). http://cuentame.inegi.org.mx/poblacion/escolaridad.aspx?tema=P (Consultado el 16/10/17).

REFERENCIAS BIBLIOGRÁFICAS

Mendoza Vargas M. *México, último lugar en población con estudios de licenciatura.* Publimetro.

https://www.publimetro.com.mx/mx/economia/2016/10/10/mexico-lugar-poblacion-estudios-licenciatura.html (Consultado el 16/10/17).

Educación superior en México: Datos para fusilar el optimismo. Tercera Vía

http://terceravia.mx/2016/05/educacion-superior-en-mexico-datos-fusilar-optimismo/ (Consultado el 16/10/17).

En México, solo 17% de los jóvenes logran estudiar la universidad. Animal Político.

http://www.animalpolitico.com/2017/09/educacion-superior-mexico-estudiantes-universidad-ocde/ (Consultado el 16/10/17).

Gráfica 4a. Resultados de las últimas pruebas ENLACE (%) (Insuficiente a Elemental) y Gráfica 4b Resultados de las últimas pruebas ENLACE (%) (Bueno y Excelente)

Resultado Nacional ENLACE 2014. Último grado de bachillerato. Secretaría de Educación Pública (SEP).

http://www.enlace.sep.gob.mx/content/gr/docs/2014/historico/ENLACE_Media_2014_nacionales_e_historicos_Mod.pdf

(Consultado el 17/10/17)

Resultados Históricos Nacionales 2006-2013. 3ro., 4to., 5to. y 6to. de primaria, 1ro., 2do. y 3ro. de secundaria. Secretaría de Educación Pública (SEP).

http://www.enlace.sep.gob.mx/content/gr/docs/2013/historico/00_EB_2013.pdf (Consultado el 17/10/17)

Gráfica 5. Matrícula total por áreas de estudio

Asociación Nacional de Universidades e Instituciones de Educación Superior (2012).

http://www.anuies.mx/content.php?varSectionID=166

(Consultado 8/2014).

Gráfica 6. ¿Qué leen los mexicanos?

Consejo Nacional para las Culturas y las Artes (CONACULTA), *Encuesta Nacional de lectura. 2006.*

http://sic.conaculta.gob.mx/encuesta/enl_pdfs.zip> (Consultado 8/2014).

Sheridan, Guillermo (03/2007), *La lectura en México.* Blog de Letras Libres, http://www.letraslibres.com/revista/columnas/la-lectura-en-mexico1 (Consultado 8/2014).

Hernández Jiménez, José Luis (16/6/2012), "El debatito", Aviso tv,

http://www.avisotv.com/tag/jose-luis-hernandez-jimenez/

(Consultado 8/2014).

Gráfica 7. Gráfica salario mínimo y promedio de lectura anuales

Forbes (2009), *The Best minimum wages in Europe 2009*.

> http://www.forbes.com/2009/8/31/europe-minimum-wage-lifestyle-wa-ges. html (Consultado 8/2014).

Wikipedia *Salario mínimo*,

> http://es.wikipedia.org/wiki/Salario_m%-C3%ADnimo#Alemania> (Consultado 8/2014).

Datos gratis, *Salario mínimo en Alemania* http://www.datos- gratis.net/cuanto-es-el-salario-medio-en-alemania/ (Consultado 08/2014).

Inmigrantes Canadá, *Salario mínimo en Canadá*.

> http://www.inmigrantescanada.com/el-salario-minimo-en-canada/ (Consultado 08/2014).

Datos macro, *Salario mínimo en Portugal*. http://www.datosmacro.com/smi/portugal (Consultado 8/2014)

100 cosas que todo mexicano debe saber responde a la necesidad de recuperar parte de la cultura general que todo mexicano debe tener. En capítulos cortos y explicados de manera sencilla, Adrián Gutiérrez Ávila narra y explica con su peculiar manera de escribir los principales temas de interés que tenemos todos los mexicanos: historia, política, religión, futbol, economía, leyendas y personajes populares.

 @adriangtzavila

 /comoserunmexicanoexitoso

 adrian_gutierrez_avila

 Adrián Gutiérrez Ávila

www.**comoserunmexicanoexitoso**.com